Social
Plants·CluB™

Social
Plants•CluB™

취미는

식물   No.2

프롤로그

유독 무더웠던 2024년 여름, 열심히 아끼며 키우던 나무를 보냈습니다. 처음 이 나무를 들여올 때부터 꼬박 4년. 추위도, 더위도, 쉬는 날에도 5층 작업실 계단을 오르내리며 관리해 왔는데, 이번 여름에는 덥다고, 피곤하다고 관리를 소홀히 해버렸어요. 그동안 튼튼하게 키워 났으니 요 일주일은 괜찮겠지 하고 넘어가 버린 것이 그 이유였습니다. 그 일주일을 못 버텨 주냐며 식물에게 배신감이 들고 화도 나는데, 사실은 제가 알면서도 지켜내지 못했던 탓임을 누구보다 잘 알고 있습니다.

식물을 들일 때, 그 식물에 대해 조금만 공부해도 훨씬 오래 잘 키울 수 있으니 부담 갖지 말고 시작해 보라고,

그 길잡이가 되어주겠다며 [소셜 플랜츠 클럽]을 시작하고 [취미는 식물]을 엮은 저도, 여전히 이렇게 한순간 소홀해서 식물을 보내고 마는 순간이 옵니다. 그 식물은 서울에서 화분으로 키우기에는 아주 많은 노력이 필요했던 호주 식물 아카시아였어요. 그래서 초보자들에게는 절대 추천하지 않는 식물이었죠. 아카시아는 죽었지만 저는 이 식물에 대해 4년 동안 정말 많은 것을 배웠습니다. 처음 왔을 때보다 두 배는 더 튼튼하고 굵게 성장시켰고, 그 노하우를 충분히 얻었으니 '다음번에 또 이 식물을 들일 때는 더 오래 키워야지.'라고 마음먹고 훌훌 털어버렸습니다.

반려식물이라는 단어가 있듯이, 식물을 오래 키울수록 아프거나 죽으면 상처를 받는 때가 오는데요. 너무 심각해지지 않고 저처럼 잘 넘기는 시기가 오려면, 초반에 무던한 식물들을 키우며 노하우를 쌓아 스스로 대견하다고 여겨지는 순간을 자주 느끼는 것이 중요하다고 생각해요. 그럴수록 재미가 붙어 공부도 더 하게 되고 노하우가 생기면서, 좀 어렵다고 느껴지는 식물도 도전해 보고 싶은 마음이 생기거든요.

그러니 여전히 많은 사람의 '취미는 식물'이 되길 바라며, 2022년에 내었던 [취미는 식물]에 이어 키우기를 추천하는 식물들을 소개합니다. 그중에는 키우기가 조금 까다롭지만 인기가 많아서 이것만큼은 알고 키우길 바라며 실은 식물도 있고, 인기는 없지만 키우기도 쉽고 제가 너무 좋아해서 재발견되길 바라는 마음으로 추천하는 식물들도 있습니다. 모두 꼭 키워 보시길 바라는 마음으로 식물을 고르고 글을 썼어요.

흔한 식물은 있어도 매력이 없는 식물은 없다고 생각해요. 식물을 키우며 그 숨은 매력을 찾아가는 기쁨을 여러분도 느끼시길, 여전히 많은 사람의 '취미는 식물'이길 바라며 새로운 17가지 식물을 소개합니다.

2024년 가을
권지연 드림

반려 식물을 위해 미리 알아두면 좋은 것들

마음의 안정을 위한 식물 키우기도 중요하지만 지속 가능한 내일을 위해서도 우리는 더 많은 식물과 함께할 필요가 있어요. 공간마다 실내 면적의 10% 정도의 식물이 있으면 여름엔 -1~3℃, 겨울엔 +1~3℃ 온·습도 조절이 가능합니다. 그뿐만 아니라 식물의 대사작용인 광합성 덕분에 건강한 산소까지 공급받을 수 있습니다. 기후 변화가 화두인 요즘 실내 냉난방 관리의 효율을 높이고 전자기기 가동률을 낮추는 방법 중의 하나가 식물을 키우는 것이라고 볼 수 있죠. 탄소 중립을 실천하는 가장 쉬운 방법이죠. 작은 식물 하나가 뭐 그리 큰 변화를 만들겠냐는 생각이 들 수도 있지만, 뭐든 작은 것에서부터 시작하는 법이니까요. 앞으로의 반려 식물 생활을 보다 쉽게 할 수 있도록 미리 알아 두면 좋은 이야기를 먼저 소개합니다.

1.　　　　식물의 성장 환경

식물을 키울 때 빛, 물, 환기 등이 중요하다는 말은 한 번쯤 들어 보셨을 거예요. 그런데 그 요소가 식물의 성장에 어떤 역할을 하기에 중요한지 알고 계시나요? 그 역할을 이해하면 반려 식물을 더욱 잘 보살필 수 있습니다.

◇　　　　Light

빛　　　　빛은 식물이 성장하는 데 가장 중요한 요소입니다. 사람이 에너지를 얻기 위해 대사작용을 하듯이 식물도 대사작용을 하는데요, 그 대표적인 것이 바로 광합성입니다. 빛을 통해 광합성에 필요한 엽록소를 흡수하죠. 그러나 식물에 따라 필요한 빛의 양은 다릅니다. 뜨겁게 내리쬐는 직사광선을 그대로 받아야 하는 식물이 있는가 하면, 나무그늘에 가려진 어두운 곳의 빛으로도 충분한 식물이 있습니다. 그래서 반려 식물을 고를 때 식물이 놓일 위치에 들어오는 빛의 양을 먼저 파악하는 것이 중요합니다. 우리가 오해하기 쉬운 예로 '음지식물'이 있습니다. 음지에서 잘 자라는 식물이라고 생각해서 빛이 전혀 들어오지 않는 어두컴컴한 곳에 두는 경우가 있는데, 이는 삼가야 하는 관리법입니다. 어디서든 잘 자라는 산세비에리아나 고무나무도 간접광이 필요해요. 백열전구, 형광등, LED, 식물 조명 등 다양한 조명을 활용하면 실내에서도 잘 크는 식물이 많습니다.

이 책에서는 직접광이 필요해 남향 창가에 두어야 하는 식물은 direct, 창문에서 조금 떨어진 밝은 실내나 얇은 커튼으로 가려 조도를 조금 낮춰 두는 식물은 indirect, 저조도나 실내 조명으로 충분한 경우 low로 표시하였습니다.

●　　　　Water

물　　　　물은 식물의 성장과 신진대사 등 생리학적 역할에 꼭 필요한 요소입니다. 무엇보다 식물의 잎과 줄기를 지탱할 힘을 주죠. 물주기는 키우는 공간의 환경에 따라 빈도와 방법이 달라지기 때문에 초반에 잘 살펴보는 것이 중요합니다. 집은 건조한 데 습한 환경을 선호하는 식물을 들였다면, 더 세심하게 돌보며 겉흙이 말랐을 때 물을 주고, 물 스프레이를 자주 분사하여 공중 습도를 높게 유지하세요. 물 주는 것을 자주 잊는 편이거나 장기간 집을 비울 때가 많다면, 다양한 도구를 활용해 말라 죽지 않도록 신경 써야 합니다. 삼투압 작용을 차용해 물을 담은 워터픽을 꽂아 두거나 면 끈의 양 끝을 각각 물통과 화분에 넣어 연결하는 장치를 마련해 식물이 목마르지 않도록 해두시는 것을 추천합니다.

Air

통풍과 환기 신선한 공기의 유입과 순환은 식물 관리에 중요한 요소입니다. 바람은 흙이 잘 마르도록 도와주고, 풍성한 잎 사이사이의 정체된 공기를 순환시켜 줍니다. 통풍이 원활한 환경이라도 화분 속 흙 상태를 수시로 체크하여 흙이 잘 마르는지, 축축한 상태가 오래 지속되진 않는지 살펴야 합니다. 때로 구석진 곳에 놓인 식물은 주변 공기가 정체되면 흙 속의 수분이 마르지 않아 뿌리와 줄기가 썩기도 합니다. 이러한 상황을 방지하려면, 선풍기나 서큘레이터를 활용해 공기의 순환을 도와주세요. 매일 환기하는 것이 가장 좋지만, 겨울의 찬 바람을 견디지 못하는 식물도 있기 때문에 반려 식물의 최저 생존 온도를 미리 알아 두는 것이 좋습니다. 겨울에는 창가에서 멀리 두되, 선풍기나 서큘레이터를 켜서 공기를 순환 시키고 추운 바람을 맞지 않도록 하면 충분합니다.

Temperature

온도 사람이 쾌적하다고 느끼는 실내 온도는 18~25℃정도로, 대부분의 관엽식물이 잘 자라는 생육 적정 온도와 같습니다. 식물의 생육 최저 온도와 최고 온도 차는 보통 10~40℃ 사이에 있습니다. 대부분의 식물이 이 온도에서 버틸 수 있지만, 너무 낮은 온도나 높은 온도에 오래 노출되면 냉해를 입거나 익을 수 있기 때문에 날씨에 유의하며 온도 조절을 해줘야 합니다. 연식이 오래된 식물일수록 환경 적응력이 높은 편이고, 대부분의 묘목은 생육 적정 온도보다 더 높고 습한 환경을 만들어주면 좋습니다. 식물을 따뜻한 곳에 두고 식물 조명을 활용해 키우는 경우가 많지만, 밤에는 조금 춥고 어두워도 괜찮습니다. 식물이 실내에서도 자연스러운 계절 변화를 느낄 수 있으니까요.

●   Soil

흙   흙은 식물의 뿌리를 보호하고 공기와 물, 영양분을 공급합니다. 또한 식물이 바로 서 있을 수 있도록 지탱하는 역할을 하죠. 식물의 종류별로 필요한 흙이 다른데, 가장 중요한 배양토는 식물집이나 인터넷을 통해 구매하는 것을 추천합니다. 식물에 필요한 영양분이 충분히 들어 있고, 멸균처리까지 되어 있으니까요. 하지만 유기물이 함유되어 있기 때문에 보관을 잘못하면 곰팡이나 벌레가 생기기도 합니다. 개봉 후에는 밀봉하지 않고 그대로 열어 안에 있는 수분이 날아갈 수 있도록 해주세요.

⚕   Nutritional Supplements

영양제   기본적으로 식물에게 필요한 영양분은 흙이 제공하지만, 화분이라는 한정된 공간에서 자라는 식물은 약 1년이 지나면 흙 속 영양분을 거의 다 흡수한 상태가 됩니다. 이후에는 물에서 공급받는 영양소로 자라기 때문에, 이 시기부터 영양제(비료)를 주는 것이 좋아요. 영양제는 너무 과하면 오히려 식물을 죽게 만드는 원인이 될 수 있으므로 꼭 적정량을 체크한 후 사용하는 것을 추천합니다. 식물의 생장이 활발한 봄, 여름에는 보통 일주일에 한 번씩 1~2달간 꾸준히 영양제를 주세요. 반면, 겨울은 대체로 생장이 느리거나 멈추기 때문에 영양제를 주지 않아도 괜찮습니다.

O Reppotting

분갈이 이제 막 식물을 키우기 시작한 단계에서는 필수 요소가 아닙니다. 기존의 플라스틱 화분에서도 수개월간 잘 살 수 있고, 화분 커버를 활용하면 플라스틱 화분을 세련되게 연출할 수도 있어요. 하지만 어느 정도 식물이 크면 분갈이가 필요한 시기가 찾아옵니다. 분갈이는 배수 구멍이 있고, 기존 화분 보다 약 1.5~2배 정도 큰 화분을 사용하는 것이 좋습니다. 만약 기존 화분을 그대로 사용하고 싶다면, 포기나누기도 좋은 방법입니다.

2. 식물의 이름이 말해주는 것

오늘날 식물학자들은 스웨덴 식물학자인 '칼 폰 린네(Carl von Linne)'가 제시한 서열 단위를 식물의 분류 체계로 사용합니다. '계-문-강-목-과-속-종'으로 분류하는 방법인데요, 세계 공통으로 쓰이는 식물 이름은 라틴어를 사용해 '학명'이라 부르고, 학명은 분류 체계의 속명과 종명을 붙이는 이명법으로 사용합니다. 분류 체계를 잘 이해하면 학명만 찾아봐도 식물의 특성을 어느 정도 파악할 수 있어요. 분류 체계의 하위로 갈수록 점점 더 구체적인 분류군으로 정리되며, 마침내 식물 각각의 이름이 정해집니다. 앞으로 나올 스무 가지 식물 이야기에도 속명과 종명이 자주 등장해요. 특정 식물 종과 속을 소개하기도 하니, 미리 읽어 두면 식물을 이해하는 데 많은 도움이 될 거예요.

계(界, Kingdom) 생물 분류의 가장 높은 단계로 식물계, 동물계, 균계처럼 한 계통을 통틀어 칭합니다. 이 책에서는 '식물계'로 시작됩니다.

문(門, Division) 속씨식물, 겉씨식물과 같이 핵심 특징에 따라 식물을 구분합니다.

강(綱, Class) 외떡잎식물, 쌍떡잎식물처럼 기관의 구조에 따른 근본적인 차이로 식물을 구분합니다.

목(目, Order) 공통 선조에 따라 과(科, Family)를 한데 묶습니다.

과(科, Family) 확실한 연관이 있는 식물들로 이루어집니다. 예를 들면 소나무과(Pinaceae), 장미과(Rosaceae)처럼요.

속(屬, Genus) 비슷한 특징을 가진 밀접한 연관이 있는 종으로 이루어집니다. 예를 들어 장미과에는 91개 속이 있습니다.

종(種, Species) 공통 특징을 가진 식물들로, 품종 개발을 위한 종-종 교배가 가능합니다. 예를 들어 장미과에는 91개 속 4,828종이 있습니다.

Social
Plants•CluB™

Alocasia
알로카시아
16

Aglaonema
아글라오네마
32

Asparagus
아스파라거스
46

Spider Plant
접란
66

Fern
고사리
82

Jasmine
자스민
98

Hoya
호야
112

Ivy
아이비
124

Conifer Bonsai
송백 분재
138

Pencil Cactus
청산호
154

Pilea pepe
필리아 페페
168

Peperomia
페페로미아
182

Cyperus
시페루스
192

Haemaria
보석란
206

Korean Dendropanax
황칠나무
218

Begonia
베고니아
230

Rubber plant
고무나무
246

Alocasia

알 로 카 시 아

쉽고 어려워

알
로
카
시
아

알로카시아는 외국 식물이지만, 우리나라에 아주 오래 전부터 수입되어 우리에게 친숙한 식물입니다. 그 이름은 몰라도 한 번쯤은 본 적이 있을 정도로 우리 일상에 가까운 식물이죠. 이미 키워보셨거나, 지금도 키우고 계신 분들도 많을 거예요.

알로카시아는 다양한 매력이 있지만, 그중에서도 관상 가치가 높다는 점이 가장 큰 매력입니다. 커다란 잎이 이국적인 시원한 풍경을 연출해주는데, 특히 대형 알로카시아일수록, 더욱 커지는 잎과 길어지는 줄기의 라인이 아름다워 공간에 포인트가 되는 식물이에요. 키우기도 쉬운 편이라 처음 식물을 들인다면 추천할 수 있는 식물 중 하나입니다. 조금 신경써야하는 몇 가지만 유념한다면 충분히 아름답게 오래 키울 수 있죠.

알로카시아를 키울 때 가장 주의해야 할 점은 줄기나 뿌리의 무름입니다. 무름이 오래 지속되면 그 반경이 점점 넓어지고 결국 썩게 됩니다. 그 주된 원인은 과습과 잘못된 배수에요. 알로카시아는 흙 상태를 확인하지 않고 물을 자주 주게 되면, 흙이 물에 너무 잠기면서 뿌리 주변의 산소가 부족해지는 상태를 초래할 수 있습니다. 흙이 물로 포화되면 뿌리 주변의 산소가 고갈되고, 뿌리 부패가 유발되죠. 썩은 뿌리에서 병원균이 생기고, 이 병원균이 줄기까지 퍼지면서 줄기가 무르고 썩기 시작합니다. 제가 컨설팅이나 식물 관리 서비스를 할 때도 여러 번 마주했던 문제인데, 과습만 주의한다면 충분히 예방할 수 있는 문제입니다. 혹시 무름이 생겼더라도 빨리 발견하고 빠르게 대처한다면 식물을 다시 건강하게 키울 수 있습니다. 이미 무른 경우라면 뒤에 소개할 대처법을 참고해 주세요. 물주기 조절과 배수성이 좋은 흙을 사용하는 것이 가장 중요합니다. 이 두 가지만으로도 줄기가 무르거나 썩는 문제를 예방할 수 있으니, 너무 걱정하지 않으셔도 돼요.

알로카시아의 과습이 걱정된다면 수경재배도 추천드리는 방법입니다. 과습을 피해야 하는 식물인데 수경재배가 가능한 식물이라니, 조금 헷갈릴 수도 있겠죠? 수경재배에서 뿌리는 물속에 잠겨 있지만, 물속에서도 뿌리가 충분한 산소와 영양분을 공급받을 수 있어 항상 건강한 상태를 유지합니다. 식물의 뿌리에 산소가 공급되는 것은 뿌리 세포가 생존하고 제 기능을 수행하는 데 필수적이에요. 산소는 호흡을 통해 에너지를 생산하는 데 필요하며, 이 에너지가 뿌리의 성장, 물과 영양분의 흡수, 그리고 전체 식물의 건강을 유지하는 데 중요한 역할을 하죠. 과습된 흙보다는 수경재배가 뿌리 건강에 훨씬 유리하다고 볼 수 있어요.

수경재배로 키우면 벌레가 생길 우려도 없고 관리도 직관적이라 초보자도 쉽게 도전할 수 있는 방식입니다. 물은 일주일에 한 번씩만 교체해 주면 되고, 물이 탁해지거나 부족할 때 그때그때 바로 처리할 수 있어 훨씬 쉽죠. 더운 여름에는 청량한 풍경도 연출해 주어 더욱 깔끔하고 싱그럽게 식물을 키울 수 있어요.

알로카시아

천남성과 Araceae

큰토란속 Alocasia

알로카시아는 천남성과 큰토란속의 식물을 총칭하며, 약 90여 종이 있습니다. 열대 및 아열대 아시아와 호주 동부에 자생하는 식물들입니다. 영미권에서는 '코끼리귀 식물(elephant ear plant)'이라는 귀여운 이름이 있을 정도로 잎이 큰 데다 심장 모양을 하고 있어요. 다양한 질감과 무늬, 색감을 가진 종이 많아서 그 모습만으로도 사람들의 눈길을 끕니다. 더불어 실내에서 키우기도 수월한 편이기에, 우리나라뿐만 아니라 전 세계적으로 원예용으로 인기가 많습니다.

How to care
Alocasia

◇   Light - Indirect

빛   알로카시아는 열대 아시아의 숲속에서 잘 자라는 식물로, 나무 그늘에서 잘 자랍니다. 직사광선을 받으면 잎이 타거나 말라버릴 수 있으므로 피하는 것이 좋습니다. 하지만 너무 어두운 곳에 두면 건강하게 자라기 어려워요. 유리창이나 얇은 커튼으로 차광된 밝은 실내에 두는 것이 좋습니다. 빛이 잘 들어오는 남향이나 서향의 창가에 두면 잘 자랍니다.

◇   Temperature - 18~29°C

온도   알로카시아는 따뜻한 환경을 선호합니다. 대부분의 품종은 18°C에서 29°C 사이의 온도에서 잘 자랍니다.

◊　　　　Humidity - High

습도　　자생지와 같이 고온다습한 환경을 좋아하지만, 일반적인 실내 환경에서도 잘 견딥니다. 건조한 계절에는 잎이 마를 수 있으니, 잎마름을 방지하기 위해 가습기 사용이나 잎에 물 스프레이를 뿌려주는 것이 좋습니다.

💧　　　　Water - Weekly

물　　고온다습한 환경을 좋아한다고 해서 물을 무작정 많이 주면 안 됩니다. 화분의 흙이 말랐을 때 충분히 주는 것이 좋습니다. 배수가 잘 되는 흙에 심고, 일반적인 실내 환경이라면 주당 1~2회가 적당합니다.

☺　　　　Pet - Attention

반려동물　알로카시아는 독성이 있는 식물입니다. 잎에 단순히 닿는 것으로는 문제가 없으나, 잎을 씹어 즙을 먹으면 독성이 나옵니다. 반려동물과 어린 아이들이 가지고 놀지 않도록 주의가 필요합니다.

☞ Tip - Alocasia

잎이 크기 때문에 먼지가 쌓이기 쉽습니다. 가능하다면 물샤워를 해서 잎을 씻어주거나, 물걸레로 먼지를 자주 닦아 주세요. 이렇게 하면 광합성이 더 잘 이루어져 건강하게 키울 수 있습니다.

알로카시아의 꽃.

알로카시아는 주로 잎이 아름다워 관상용으로 키우는 식물이지만, 꽃도 피울 수 있습니다. 다만, 알로카시아의 꽃은 우리가 흔히 아는 일반적인 '꽃'의 모양과는 다릅니다. 스파티필름의 꽃과 비슷한 형태를 가지고 있는데, 꽃은 육수꽃차례(작은 꽃들이 모여 원통형으로 길게 자란 꽃대)와 이를 감싸는 포엽(spathe)으로 구성되어 있어요..

이 꽃은 대체로 잎보다 작고 눈에 잘 띄지 않는 경우가 많습니다. 스파티필름의 포엽은 흰색으로 꽃잎처럼 보이지만, 알로카시아의 포엽은 잎이 꽃대를 작게 감싸는 정도로 나타나기 때문에 더욱 꽃처럼 보이지 않아요.

알로카시아는 일반적으로 실내에서 꽃을 피우는 일이 드물지만, 적절한 환경 조건을 맞춰주면 꽃을 볼 수 있습니다. 밝은 간접광, 높은 습도, 적절한 물주기, 그리고 따뜻한 온도가 필요하죠. 특정한 계절에만 꽃을 피우는 것이 아니라, 적절한 환경이 갖추어지면 언제든지 꽃을 피울 수 있습니다. 그러니 알로카시아가 꽃을 피웠다면, 이는 지금 적절한 환경에서 잘 자라고 있다는 신호로 볼 수 있습니다.

다양한 종류의 알로카시아

알로카시아의 잎은 크고 화려한 특징을 가지고 있으며, 잎의 색상은 연한 녹색부터 진한 녹색, 은색, 보라색까지 매우 다양합니다. 대표적으로 우리나라에서 거북알로카시아로 알려져 있는 알로카시아 아마조니카(Alocasia amazonica), 가장 많이 보이는 알로카시아 오도라(Alocasia odora), 그리고 알로카시아 쿠쿠라타(Alocasia cucullata) 등이 있습니다.

알로카시아는 적절한 관리만 해주면 각 품종의 매력을 뽐내며 매우 아름답게 자라기 때문에, 실내 공간을 멋지게 꾸밀 수 있는 좋은 식물입니다. 다양한 색상과 질감을 가진 잎은 그 자체로도 공간의 포인트가 되어, 어디에 놓아도 특별한 분위기를 만들어줍니다.

알로카시아 줄기가 무를 때 대처법

알로카시아의 줄기가 물러졌을 때는 뿌리 썩음, 과습, 또는 병균 감염 등의 문제일 수 있습니다. 남아 있는 건강한 부분을 살리고 싶다면, 다음의 단계를 따라 해보세요.

1. 줄기와 뿌리 상태 확인

물러진 줄기는 갈색으로 변합니다. 뿌리도 검게 변하고 물러졌다면 이미 썩은 상태이므로 조치가 필요합니다. 알로카시아를 화분에서 조심스럽게 꺼내어 흙을 털어내고, 뿌리를 씻어 상태를 확인합니다.

2. 썩은 줄기와 뿌리 자르기

소독한 깨끗한 칼을 사용해 썩은 부분을 모두 제거해야 합니다.

3. 소독과 건조

잘라낸 부분에 살균제를 발라 감염을 예방하고, 통풍이 잘 되는 그늘진 곳에 하루 정도 건조시켜 줍니다. 이후 깨끗한 물에 담가두면 뿌리가 빨리 납니다.

4. 다시 심기

배수가 잘 되는 화분과 새로운 배양토를 준비합니다. 기존의 흙은 병균이 있을 수 있고, 영양분이 소진되었을 가능성이 있으므로 사용하지 않습니다. 건조된 알로카시아를 다시 심은 후, 온도와 습도를 조절하여 당분간 스트레스를 받지 않도록 신경 써 주세요.

Aglaonema

아
글
라
오
네
마

쉽게 오는 행운도 있는 법

아글라오네마

아마도 아글라오네마는 우리나라에 수입된 지 오래되지 않았거나 아직 인기가 많지 않았던 식물 중 하나인 듯합니다. 그래서인지 그 이름은 학명 그대로 사용하고 있죠. 스노우 사파이어나 실버퀸, 엔젤, 오로라 등의 이름으로 유통되는 품종이 많은데, 유통명이 많고 혼용되기도 해서 정확한 품종명을 확인하기 어려운 경우도 많아요. 아글라오네마는 이름은 다소 어렵지만 키우기 수월하면서도 아름다운 매력 덕분에 국내외에서 오랫동안 사랑받아 온 식물로, 초보자들에게도 아주 추천할 만한 식물입니다.

영미권에서는 이 식물을 'Chinese Evergreen'이라고 부르는데, 이 이름은 지리적 유래와 관계가 있어요. 아글라오네마는 원래 동남아시아와 중국의 열대 지역에서 자생하던 식물로, 서양에 소개되었을 때 사계절 내내 실내에서 푸른 잎을 유지하는 모습을 보고 동양에서 온 늘푸른 식물이라는 이미지를 얻어 자연스럽게 이 이름이 붙었습니다.

아글라오네마는 중국과 동남아시아에서는 오랜 세월 동안 행운과 번영을 가져다주는 식물로 여겨졌어요. 어떤 실수를 해도 너그러운 반응을 보이는 '키우기 쉬운' 식물이기 때문일까요. 물을 몇 번 건너뛰어도 항상 풍성하고 아름다운 잎을 유지하고, 빛이 부족한 공간에서도 그 색을 잃지 않습니다. 이렇게 강한 생명력 덕분에 집 안에 두면 가족의 건강과 재물운을 불러온다는 믿음이 생긴 것입니다.

게다가 아글라오네마는 다양한 변종이 있어 더욱 매력적입니다. 흰색, 핑크색, 빨간색, 은빛부터 짙은 녹색까지 다양한 색상의 잎사귀를 가진 변종들이 많아서 공간에 포인트가 되어줄 수 있는 식물이죠. 개인적인 경험상 보통 변종이나 아종은 키우기 까다로운 경우가 많은데, 이 식물은 다양한 색상의 변종도 모두 키우기 수월합니다. 종류도 다양하고 예쁜데, 키우기까지 쉬우니 매력이 참 많은 친구라는 생각이 들어요.

이 식물을 키우는 사람들에게 왜 키우는지 묻는다면, 단순히 "잘 자라니까"가 이유는 아닐 거에요. 실내에서 키우는 식물들은 환경변화가 크지 않기 때문에 대부분 초록색 일색인 경우가 많은데, 그 사이에서 아글라오네마는 더욱 돋보입니다. 꽃이 없어도 충분히 화려하고 고급스러운 분위기를 연출해요. 특별한 관리를 해주지 않아도 본연의 독특한 색과 매력을 잃지 않고 그자리에 오래 자리해주는 식물은 흔하지 않습니다. 화려한 꽃을 두기 어렵다면 대신 화려한 잎을 가진 아글라오네마를 들여보세요. 행운을 불러오는 쉬운 방법 중의 하나일테니까요.

아글라오네마

천남성과 Araceae
아글라오네마속 Aglaonema

아글레오네마는 주로 중국과 동남아시아, 특히 말레이시아, 인도네시아, 태국, 필리핀 등의 열대 및 아열대 지역이 원산지입니다.
천남성과 아글라오네마속에는 약 50여종이 있고, 자생지에서의 자연스러운 변종 외에도 품종개량이 원활한 인기가 많은 식물이에요. 잎의 색상은 매우 다양하며, 일반적으로 녹색 바탕에 은색, 흰색, 분홍색, 붉은색 등의 무늬가 있습니다. 잎은 두껍고 질감이 단단하며 광택을 띠고 있습니다. 대체로 작은 중간크기의 식물로, 높이는 작게는 20cm부터 1m정도까지 자라요. 공기 중의 유해물질을 제거하는 능력이 뛰어나서 NASA선정 공기정화식물 리스트에도 있는 기특한 식물입니다.

How to care
Aglaonema

◇ **Light - Low**

빛　　아글라오네마는 열대 우림의 하층 식물로서, 그늘지고 습한 환경에서 잘 자랍니다. 자연 서식지에서는 다른 큰 나무들의 그늘 아래에서 자라며, 이러한 특성 때문에 실내의 낮은 조도에서도 잘 견디지만, 밝은 간접광을 제공하면 더욱 건강하게 자랍니다. 직사광선은 잎을 태울 수 있으므로 피하는 것이 좋습니다. 다양한 조도에서 잘 자라기 때문에 사무실이나 집안의 어두운 구석에서도 잘 자랍니다.

◇ **Temperature - 18~24°C**

온도　　따뜻한 온도를 좋아하며 18-24°C가 적정온도 입니다. 더 높은 온도에서도 충분히 견디지만, 10°C 이하로 내려가면 성장이 저해될 수 있습니다.

◊　　　　**Humidity - High**

습도　　아글라오네마는 높은 습도를 좋아하지만, 일반적인 실내 습도에서도 잘 자랍니다. 습도가 너무 낮을 경우 잎 끝이 갈색으로 변할 수 있습니다. 건조한 실내에서는 잎에 물을 뿌려주거나, 화분을 자갈 트레이 위에 놓아 습도를 높이는 방법이 있습니다.

♦　　　　**Water - Weekly**

물　　겉흙이 마르면 물을 주는 것이 좋습니다. 과습은 뿌리썩음을 유발할 수 있어요. 겨울에는 물주기를 줄이고, 성장기인 봄과 여름에는 조금 더 자주 줍니다.

☺　　　　**Pet - Attention**

반려동물　천남성과의 식물이기 때문에 독성을 가지고 있습니다. 어린이나 반려동물이 잎이나 줄기를 섭취하지 않도록 주의해야 해요. 섭취시 구토, 설사, 구강 내 자극 등을 유발 할 수 있습니다.

☞ Tip - Aglaonema

포기나누기

아글라오네마는 자연상태에서는 씨앗으로 번식하지만, 실내에서는 주로 삽목이나 포기나누기로 번식합니다. 삽목은 건강한 줄기를 잘라서 물에 담구었다가 뿌리를 내린 후 흙에 심으면 되는데요, 삽목한 줄기는 평소보다 밝고 따뜻한 곳에서 관리하는 것이 좋습니다.

포기나누기는 화분에서 식물을 꺼내어 뿌리를 분리하고 각각의 포기를 새로운 화분에 심으면 됩니다. 뿌리가 이미 충분히 내려져 있기 때문에 삽목보다 초기 관리가 쉬운 편입니다.

Asparagus

아 스 파 라 거 스

그 아스파라거스?!

아
스
파
라
거
스

아스파라거스라고 하면 가장 먼저 떠오르는 것은 보통 식용 채소일 겁니다. 샐러드에 아삭하게 들어가거나, 고기요리와 함께 살짝 구워 곁들이면 그만인 고급 채소로 유명해요. 하지만 이 아스파라거스와는 조금 다른, 원예용 아스파라거스도 있다는 사실을 아시나요?

어릴적 우리집에는 아스파라거스 화분이 있었습니다. 어릴때부터 너무 흔히 봐서인지, 왠지 촌스럽다고 느껴지기도 했어요. 그래서 꽤 오랫동안 아스파라거스를 '옛날 식물'로 치부하며 크게 신경 쓰지 않았죠. 하지만 당연하게도 시간이 지나고 식물을 다루면서 그 아름다움을 다시 발견하게 되었습니다.

가끔 손님들이 "이 식물 예쁘네요. 이거 이름이 뭐에요?"

하고 물어볼 때가 있습니다. 아스파라거스라고 하면, 대부분 "그 아스파라거스요?"라며 놀라시죠. 맞습니다, 바로 그 아스파라거스에요. 하지만 조금은 다릅니다. 아스파라거스는 식용과 원예용으로 나뉘거든요. 용도와 품종에 따라 달라지는 이 두 가지 아스파라거스는 각기 다른 매력을 지니고 있습니다.

우리가 익히 알고 있는 식용 아스파라거스는 줄기 자체가 굵고 통통하게 자라며, 주로 요리재료로 활용됩니다. 이 아스파라거스는 봄철이 제철로, 채소로서 영양가가 뛰어나고 맛이 좋아 많은 사람들에게 사랑을 받고 있어요. 해가 잘 드는 텃밭공간이 있다면 키워보시는 것도 추천드립니다.

반면 원예용 아스파라서스는 완전히 다른 목적으로 길러져요. 원예용 아스파라거스는 종종 '아스파라거스 펀 Asparagus Fern'으로 불리기도 하는데요. 이 식물은 사실 양치식물이 아니지만, 그 고운 잎의 모양과 뻗어나가는 형태가 비슷한 느낌을 주기 때문에 그 이름이 붙여졌습니다. 섬세하고 부드러운 잎사귀 덕분에 더 잎이 우아하게 흘러내리는 식물입니다. 공간을 부담스럽지 않게 채우면서도 자연스러운 멋을 더해주죠. 선반 위나 창가에 두고 바람에 살짝 흔들리는 모습을 보고 있으면 그 자체로 평온한 마음이 들기도 해요. 비록 먹을 수는 없지만, 그 아름다움과 더불어 키우기 쉬운 성격 덕분에 특히 초보자들에게 추천하고 싶은 식물입니다. 햇빛이 조금 적어도, 물을 조금 덜 줘도 모두 적응하는, 바쁜 현대인들에게 딱 맞는 반려식물이에요. 바쁜 일상 속에서도 매일 조금씩 자라나는 그 초록 잎사귀들을 지켜보는 것만으로도 충분히 행복한 순간을 느낄 수 있을 거예요.

못 먹으면 어때요. 예쁘잖아요.

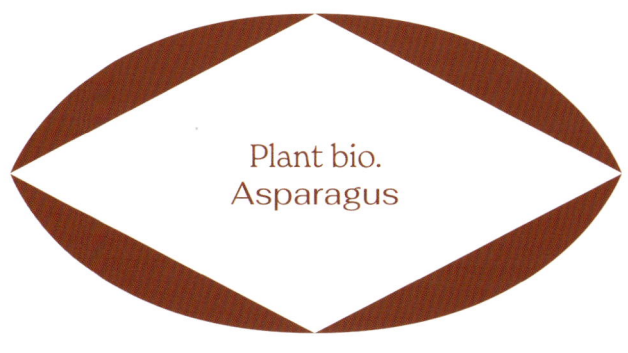

Plant bio.
Asparagus

아스파라거스

비늘줄기과 Asparagaceae
아스파라거스속 Asparagus genus

아스파라거스속에는 약 300여종의 다양한 식물이 있습니다. 주로 유럽, 아프리카, 아시아에서 자생하는데, 그 생태적 다양성과 적응력 덕분에 전세계에서 널리 재배되고 있어요. 아스파라거스는 식용과 원예용으로 모두 활용되며, 특히 연하고 어린 새싹은 고급 식재료로 인기가 많습니다.

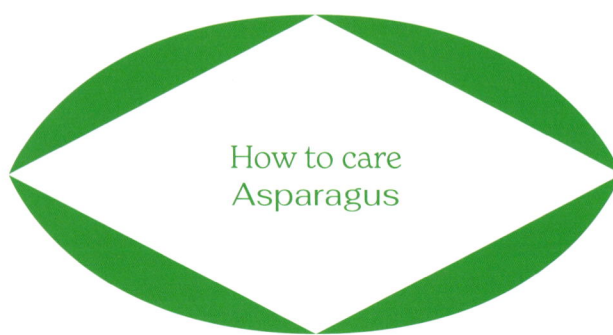

How to care
Asparagus

원예용 아스파라거스

◇   **Light - Indirect**

빛   간접적인 밝은 빛을 선호합니다. 직사광선은 피하고, 반음지에서도 잘 자라는 편이에요.

✧   **Temperature - 18~24°C**

온도   18-24°C의 쾌적한 온도를 좋아합니다. 환경적응력이 뛰어나 40°C에 육박하는 한여름에도 환기만 잘 되면 견디는 편이지만, 추운 날씨는 견디기 어려워요. 최저 10°C이하로 떨어지지 않도록 합니다.

◊   **Humidity - High**

습도   높은 습도를 좋아합니다. 우리나라의 건조한 실내환경에서도 잘 버티지만 잎 끝이 마르는 경우가 많이 있어요. 마른잎은 주기적으로 제거해주는 것이 원활한 성장에 도움이 됩니다. 잎끝이 마르지만 새 잎이 잘 난다면 식물의 건강상태는 좋으나 공중습도가 너무 낮은 것이니, 가습기를 사용하거나 잎에 물을 자주 뿌려줍니다.

💧　　　**Water - 2~4 Days**

물　　　흙이 마르면 물을 충분히 줍니다. 식물을 화분에 심어 키울 때 유의해야 할 부분이 과습이에요. 과습을 피해야 하므로 배수가 잘 되도록 깨끗한 흙:마사토(9:1)를 사용합니다. 겨울에는 성장이 거의 멈추는 휴면기이니, 물 주는 주기를 더 늘려주세요.

☺　　　**Pet - Friendly**

반려동물　아스파라거스는 일반적으로 반려동물에게 안전한 음식입니다. 소량을 익혀서 급여하는 것은 괜찮지만, 생 아스파라거스는 소화가 어려울 수 있으니 주의가 필요합니다. 아스파라거스의 열매에는 독성이 있을 수 있는데, 보통 원예용으로 키울 때도 꽃과 열매를 보기 어려울 뿐만 아니라, 식용 아스파라거스의 열매도 판매가 되지 않으니 열매에 대한 걱정은 하지 않아도 됩니다.

☞   **Tip - Asparagus**

원예용 아스파라거스는 뿌리를 나누어 심는 포기나누기가 가장 일반적인 번식방법입니다. 성숙한 식물의 뿌리를 조심스럽게 나누어 새로운 화분과 깨끗하고 영양분이 충분한 흙에 심어주면 되요. 씨앗으로 번식할 수도 있지만, 시간이 많이 걸리고 번식률이 낮은 편입니다.

아스파라거스

왼쪽부터 아스파라거스 미리오클라두스(asparagus myriocladus), 아스파라거스 메이리
(Asparagus meyeri), 아스파라거스 플루모서스(Asparagus plumosus)

How to care
Asparagus

식용 아스파라거스

◇ **Light - Direct**

빛 직접적인 햇빛을 하루에 최소 6~8시간 이상 필요로 하니, 햇빛이 잘 드는 야외에 심습니다.

● **Soil - pH 6.5~7.5**

토양 배수가 잘 되는 비옥한 토양을 준비합니다. pH 6.5-7.5가 이상적입니다. 깊이 30~40cm까지 땅을 갈아엎어 뿌리가 잘 뻗을 수 있도록 합니다.

○ **Reppotting - Spring**

심기 식용 아스파라거스는 늦겨울이나 초봄에 심는 것이 좋습니다. 보통 씨앗부터 발아하거나, 뿌리덩어리를 분양받아 심어요. 뿌리덩어리는 이미 다 성장한 성체이기 때문에 약 30cm 간격으로 20cm내외의 깊이에 심고 관리하면 바로 수확이 가능합니다.

씨앗의 경우는 좀 더 번거롭고 인내심이 필요한 기간이 있지만 어렵지 않습니다.

1. 씨앗 준비 : 먼저 발아율을 높이기 위해 씨앗을 하루정도 미지근한 물에 담가둡니다.
2. 파종 : 늦겨울이나 초봄에 파종을 시작합니다. 먼저 작은 화분이나 트레이에 약 1cm깊이에 5cm 간격으로 심습니다.
3. 발아 : 따뜻한 실내(20~26°C)에서 발아시킵니다. 흙은 적절히 습하게 유지하되 너무 많은 양의 물을 주는 것은 피합니다. 씨앗이 발아하는 데 2~4주 정도가 걸립니다.
4. 옮겨심기 : 발아 후, 모종이 10~15cm정도 자라면 옮겨심기를 준비합니다.
5. 정식 : 모종 사이 간격은 30~45cm으로 하고 처음에는 흙을 약 10cm정도 덮고, 모종이 자라면서 점차 흙을 추가합니다. 잡초 억제와 수분 유지, 토양 온도 조절을 위해 멀칭을 합니다. 심은 직후에는 물을 충분히 주고, 이후에도 흙이 마르지 않도록 물을 줍니다.
6. 관리 : 성장기 동안 비료를 2~3주간격으로 줍니다. 정기적인 잡초제거도 필수에요.
7. 겨울 준비 : 겨울에는 식물이 휴면기에 들어갑니다. 지상부가 다 말랐다 하더라도 뿌리는 살아있어요. 멀칭을 더해 뿌리를 보호하고, 겨울철 냉해를 예방합니다.
8. 수확 : 첫 수확은 아스파라거스를 심고나서 2~3년 후, 성체가 되면 가능해요. 초기에는 얇게 자란 새싹을 수확하고, 이후 점차 우리가 아는 두꺼운 아스파라거스를 수확할 수 있습니다. 수확은 새싹이 15~20cm정도 자랐을 때 땅 가까이에서 잘라주면 되요. 봄철에 싹이 나면 약 6~8주간 수확이 가능합니다.

☞   Tip - Asparagus

식용 아스파라거스는 일반적으로 봄철에만 수확합니다. 여름이 지나면 수확을 중단하고 자연스럽게 식물이 자라도록 하는 것이 중요합니다. 이 때 식물이 더 많은 에너지를 뿌리에 저장하거든요. 지속적인 수확은 식물의 에너지를 소모시켜 피로하고 약해질 수 있으며, 다음해의 수확량이 줄어들 수 있어요. 그러니 충분히 자라도록 두고, 가을과 겨울의 휴면기를 준비하면 됩니다.

Spider Plant

접란

짜릿해

접란

접란은 우리나라에서도 쉽게 구할 수 있고 많이 키우는 식물이지만, 외국에서는 더욱 흔하게 키워지는 식물입니다. 공간에 톡톡한 포인트가 되어주는 존재감 있는 접란은 영미권에서 'Spider Plant'라는 별명으로 불리죠. 이 이름은 식물 자체의 구조적인 특성에서 기인합니다. 접란은 성숙한 식물에서 긴 줄기를 뻗어 작은 새끼식물(자구)을 만들어내는데, 이 줄기가 여러 방향으로 뻗어나가 마치 거미가 다리를 뻗은 모습처럼 보입니다. 시간이 지날수록 본체는 더 풍성해지고, 줄기와 자구도 많아져 우아한 자태를 뽐냅니다. 자구가 많이 생겨 쉽게 번식할 수 있다는 점도 접란의 매력 중 하나인데, 이는 거미가 많은 자손을 남기는 특징과도 닮아 있어요. 이러한 이유들로 인해 접란은 오랫동안 Spider Plant라는 이름을 가지고 있습니다.

접란의 진정한 매력은 함께한 시간이 흐를수록 두드러지게 나타납니다. 접란의 긴 줄기 끝에서 자라는 자구는 일정 크기까지 성장한 후 땅에 닿으면 스스로 뿌리를 내립니다. 땅에 닿지 않으면 본체보다 조금 더 작은 크기를 유지하며 더 많은 자구를 만들어내요. 이렇게 스스로 새로운 개체로 자라나는 과정을 지켜보는 것은 참으로 매력적입니다 . 처음에는 그저 작고 평범한 식물로 보였던 접란이 시간이 지날수록 특별하게 느껴지는 것은, 때가 되면 길게 뻗은 줄기에서 꽃이 피고, 예쁜 자구를 내어주기 때문입니다. 특히나 그 모습을 보기위해 큰 노력을 들이지 않았는데도 불구하고 말이죠.

접란은 키우기 쉬운 식물로도 유명합니다. 햇빛이 많은 장소에서도 잘 자라고, 조금 부족한 실내에서도 잘 자라기 때문에 공간의 제약이 크게 없습니다. 빛이 거의 들어오지 않는 공간에서도 인공조명만 있으면 충분히 키울 수 있을 정도입니다. 또한, 매일 물을 줄 필요도 없고, 깜빡하고 물 주기를 한두 번 잊더라도 조금 시들 뿐, 물을 주면 다시 생기를 찾으며 생명을 굳건히 유지합니다. 특별한 관리 없이도 무성하게 자라는 접란을 보며 손쉽게 초록의 기쁨을 느낄 수 있다는 점은 정말 큰 장점입니다. 이런 이유로 우리 집에는 주방 창가, 거실 한 켠, 현관, 서재 창가, 심지어 욕실에도 작은 접란이 자리 잡고 있어, 어느 공간에서든 초록의 생명력을 느낄 수 있어요. 서당개 3년이면 풍월을 읊는다고 하죠. 저희 남편도 집에서 식물을 많이 키우다 보니 이제 친구들이 식물에 대해 물어보면 웬만한 것은 대답할 수 있는 정도가 되었습니다. 주말마다 식물에 물을 주는 기쁨, 새 잎이 나고 꽃이 피며 풍성해지는 것을 관찰하는 기쁨을 알게 되었어요. 그러던 어느 날, 남편이 접란의 자구를 보며 이야기하더군요. 다른 식물들도 새 잎이 나올 때 기분이 좋지만, 특히 접란이 자구를 보여줄 때는 짜릿하다고 말이죠. 아마도 새 잎이 나오는 것보다 자구가 생기는 것이 식물 자체의 큰 변화로 느껴지기 때문일 것입니다.

 그저 흙을 만지고 물을 주며 기다리다 보면, 이런 특별한 순간을 경험하게 됩니다. 시간이 흐르면서 줄기가 나오고, 꽃이 피고, 자구가 생기고, 그 자구가 커가는 변화를 경험해 보고 싶으시다면, 접란을 꼭 키워보세요. 나중에는 자구를 친구들에게 나누어주며 식물 이야기를 재미있게 나누실 수 있을 거예요.

접란

백합과 Liliaceae

접란속 Chlorophytum

접란 Chlorophytum comosum

남아프리카가 원산지인 접란은 가장 널리 알려진 접란속(Chlorophytum) 식물입니다. 접란속에는 약 200여종이 있으며 품종 개량 또한 비교적 원활한 식물군이에요. 다양한 유전적 특성을 가지고 있어 여러 품종이 존재하고, 성장이 빠르며 번식도 쉬운 편이죠. 또한 관리가 쉽고, 다양한 환경에서 잘 자라기 때문에 새로운 품종을 시험하고 재배할 수 있는 좋은 조건을 가지고 있습니다.

Social
Plants·Club®

How to care
Spider Plant

◇ **Light - Indirect**

빛   접란은 간접적인 밝은 빛을 선호하지만, 약간의 그늘에서도 잘 자랍니다. 강한 직사광선(직접적인 햇빛)은 잎을 태울 수 있으므로 피해주세요. 햇빛이 잘 드는 창가에 둔다면, 다른 식물들에 살짝 가려진 곳에 두거나 얇은 커튼으로 강한 빛을 차단해 주면 좋습니다.

◈ **Temperature - 18~24°C**

온도   18-24°C의 실내 온도가 최적입니다. 따뜻한 나라가 원산지인 만큼 10°C 이하로 내려가면 냉해를 입을 수 있으니 겨울철 온도 관리에 신경 써주세요.

◊   Humidity - High

습도　　접란은 키우기 쉬운 식물이지만, 공중 습도가 낮으면 잎끝이 자주 마릅니다. 사람들이 "내가 있는 공간이 건조하다"라고 느낀다면, 대부분의 접란은 잎끝이 조금씩 말라버립니다. 이렇게 되면 잎끝이 마르면서 관상 가치가 떨어지게 되지만, 새잎은 잘 나고 있다면 물 스프레이나 가습기를 활용해 공중 습도를 높여주세요. 이미 상한 부분은 재생될 수 없지만, 새로 나는 잎은 예쁘게 유지할 수 있습니다.

●   Water - 5~7 Days

물　　흙이 약간 건조해질 때 물을 줍니다. 물을 너무 자주 주면 뿌리가 썩을 수 있으니 주의해주세요. 특히 겨울에는 성장이 더뎌지고 물이 잘 마르지 않기 때문에 물주기를 줄이는 것이 좋습니다.

☺   Pet - Friendly

반려동물　　접란은 반려동물에게 안전한 식물입니다. 독성이 없기 때문에 반려동물이 잎을 씹거나 먹어도 심각한 증상은 없어요. 하지만 과도하게 섭취할 경우, 소화불량, 구토, 설사 등의 경미한 위장 문제가 발생할 수 있습니다. 이는 접란의 독성 때문이 아니라, 식물을 섭취하여 소화계가 자극을 받기 때문입니다.

☞ **Tip - Spider Plant**

번식 방법

접란은 성장성이 좋아 한 번 키우기 시작하면 여러 개체로 늘리기가 쉽습니다. 자구 번식과 포기 나누기가 가장 일반적인 방법이며, 둘 다 어렵지 않으니 접란을 오래 키우셨다면 한 번 시도해 보시길 추천드립니다.

자구번식

자구 번식은 모체 식물에서 뻗어나온 줄기나 뿌리에서 새끼 식물이 자라 독립적인 개체로 성장하는 것을 말합니다. 접란의 모체에서 긴 줄기가 뻗어나오고, 그 끝에 꽃이 핀 후 작은 자구가 형성됩니다. 이 자구는 접란의 미니어처처럼 보이는 작은 뿌리와 잎을 가지고 있어요. 그 상태로 모체에 붙여 키워도 되지만, 뿌리와 잎이 충분히 자라면 모체에서 떼어내어 수경재배나 흙에 심어 독립적인 식물로 키울 수 있습니다. 자구 번식의 성공률이 매우 높으니, 자구를 몇 개 떼어 새로운 화분을 만들어보세요.

포기나누기

포기 나누기는 스파티필름이나 아스파라거스의 편에서도 자세히 다루고 있으니 참고해 보세요.

접란

특별한 관리 없이도 무성하게 자라는 접란을 보며 손쉽게
초록의 기쁨을 느낄 수 있다는 점은 정말 큰 장점입니다.

Fern

고사리

프테리도매니아 (Pteridomania)

고
사
리

고사리를 보면 왠지 모르게 고요하고 신비로운 매력이 느껴집니다. 이는 고사리가 아주 오랜 역사를 가진 식물이기 때문이기도 하고, 그 섬세하고 우아한 모습 덕분이기도 할 것입니다. 고사리를 실내에서 키우기 시작한 역사는 사실 그리 오래되지 않았지만, 그 유래는 꽤 흥미롭습니다.

19세기 빅토리아 시대는 영국 제국주의의 절정기였습니다. 이 시기 영국은 식민지 확장을 통해 새로운 대륙과 미지의 자연을 접하게 되었고, 다양한 이국적인 식물들을 자국으로 가져오면서 이를 수집하고 연구하는 문화가 크게 발전했습니다. 제국주의의 확장은 곧 자연사와 식물학의 부흥을 의미했죠. 이 과정에서 야자수나 고사리와 같은 이국적인 모양을 하면서도 쉽게 번식할 수 있는 식물이 사람들의 관심을 끌게 되었습니다.

또한, 기술의 발전으로 인해 유리와 난방 시스템이 도입되면서, 이국적인 식물을 실내에서 키울 수 있는 환경이 마련되어졌어요. 이로 인해 빅토리아 시대의 중산층과 상류층은 새롭게 발전한 과학 기술과 자연사에 대한 관심을 통해 자신들의 사회적 지위를 표현하려 했고, 이는 곧 고사리 애호 열풍이 되어 유행으로 자리 잡았습니다. 이 현상은 Fern Fever 또는 프테리도매니아 Pteridomania라는 이름으로 알려져 있어요. "pterido-"는 고사리를 의미하고 "-mania"는 열광 또는 집착을 뜻합니다. 이 유행은 단순히 자연을 사랑하는 행위가 아니라, 문화적 교양과 탐험 정신을 나타내는 동시에, 열대식물을 들여와 실내에 정원을 만들 수 있는 재력과 정복력까지 과시할 수 있는 상징이기도 했습니다.

프테리도매니아 Pteridomania는 그야말로 광풍처럼 퍼졌습니다. 귀족층을 중심으로 고사리를 채집하고, 집안 곳곳에 장식하며, 고사리 무늬를 가구나 직물에 사용하던 것이 큰 유행이었죠. 사람들은 고사리의 섬세한 잎의 형태와 그 독특한 무늬에 매료되어 새로운 고사리 품종을 수집했고, 다양한 방식으로 그들의 삶에 녹여냈습니다. 당시 상류층의 집에는 유리로 만들어진 '고사리 케이스

(Fern Case)'가 자리잡고 있었는데, 이는 오늘날의 테라리움처럼 고사리가 실내에서 무성하게 자라도록 도와주는 일종의 유리 상자였습니다. 식물을 잘 키우기 위한 도구와 장치들이 이 유행 덕분에 아주 많이 발전하게 되었죠. 프테리도매니아Pteridomania는 빅토리아 시대의 식물학적 호기심과 제국의 확장, 그리고 상류층의 취미문화가 모두 어우러져 만들어진 독특한 현상이었습니다.
그 시절만큼의 열풍은 아닐지 모르지만, 최근 몇 년간 식물에 대한 사람들의 관심과 열정이 점점 높아지고 있음을 느낍니다. 개인들의 플랜테리어에 대한 관심도 아주 높아지고, 상업공간에서도 사람들의 발길을 끌기 위해 플랜테리어를 신경쓰곤 하죠. 이때 기본적으로 많이 활용되는 식물 중 하나는 여전히 고사리입니다. 고사리는 환경 적응력이 아주 뛰어나고 종류도 많아 실내외 정원에서 여전히 인기가 많아요. 물론, 그 중에서는 습도 관리를 잘해줘야 하는 조금 예민한 친구들도 있지만, 넉줄 고사리나 블루스타처럼 무던한 친구들도 있으니, 주의해서 고른다면 풍성하고 아름다운 고사리의 매력을 충분히 즐길 수 있습니다.

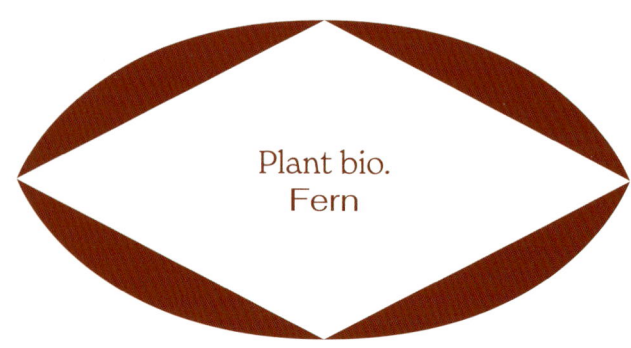

Plant bio. Fern

양치식물문 (Pteridophyta)
고사리강 (Polypodiopsida)
다양한 목으로 분류
다양한 과로 분류
고사리의 다양한 속
고사리의 다양한 종

고사리는 양치식물문에 속하는 식물로, 고사리강(Polypodiopsida) 내에서 다양한 목, 과, 속, 종으로 분류됩니다. 전 세계적으로 널리 분포하는 고사리의 종류는 약 10,000여 종에 이르며, 각각의 종은 독특한 형태적, 생태적 특징을 가지고 있습니다. 오랜 시간 동안 지구상에서 살아남은 식물군인 만큼, 고사리는 다양한 문화에서 식용, 약용, 장식용으로 다양하게 사용되어 왔습니다.

고사리를 식용으로 사용하는 나라는 꽤 많습니다. 여러 문화권에서 전통적인 먹거리로 사용되어 왔으며, 특히 아시아에서 유독 많이 사용되고 있죠. 다만, 고사리에는 일부 독소가 포함되어 있을 수 있기 때문에 대부분의 문화권에서는 고사리를 식용으로 사용하기 전에 반드시 충분히 삶거나 데쳐서 독소를 제거하는 과정을 거칩니다.

우리가 가장 많이 접하는 원예용 고사리 또한 매우 다양한 종류가 있습니다. 그 수많은 고사리 중에서 실내 환경에 잘 적응하면서도 키우기 쉬운 종을 선별하고 품종 개량을 한 덕분이죠. 고사리는 독특한 외형과 다양한 환경에 적응하는 능력 덕분에 오랜시간동안 실내외에서 쉽게 기를 수 있는 식물로 사랑받아왔어요. 대부분 관리도 쉬운 편이기 때문에, 초보자에게도 적합한 식물입니다.

이 챕터에서는 원예용 고사리에 포커스를 맞추어, 잘 키우고 멋지게 연출하는 방법을 알려드릴거에요.

고사리

How to care
Fern

◇ **Light - Indirect**

빛   고사리는 습하고 그늘진 환경을 좋아하는 식물로, 특히 실내에서 잘 자랍니다. 대부분의 고사리는 직사광선을 피하고 간접적인 빛이 잘 드는 곳에서 잘 자라요. 주의할 점은, 그늘에서 잘 자란다고 해서 너무 빛이 없는 곳에 둬도 괜찮다고 생각하면 안 된다는 것입니다. '대낮의 나무 그늘 아래' 정도의 밝기를 생각하면 쉬울까요? 유리창이나 커튼으로 한 번 차광된 밝은 실내가 고사리를 가장 풍성하게 키울 수 있는 장소입니다.

◈ **Temperature - 15~24°C**

온도   대부분의 원예용 고사리는 온화한 온도를 선호합니다. 15-24°C 정도의 실내 온도가 가장 쾌적합니다. 너무 추운 환경은 성장에 해롭지만, 고사리는 생명력이 질긴 편이니 시간을 두고 관리하면 다시 잘 자랄 수 있습니다. 너무 더운 환경도 마찬가지입니다. 잎이 많고 풍성하다 보니, 고온이 지속되면 물을 자주 주어야 해요. 하루 이틀만 물을 주지 않아도 쉽게 말라버릴 수 있습니다.

◊　　　　　Humidity - High

습도　　　고사리는 습하고 그늘진 환경을 좋아하기 때문에, 주변 습도를 높게 유지해주면 더욱 아름다운 외형을 유지할 수 있습니다. 특히 아디안텀 고사리, 보스턴 고사리, 더피 고사리, 실버레이디 같은 종들은 더욱 높은 습도를 필요로 합니다.

💧　　　　　Water - 3~5 Days

물　　　습한 곳을 좋아하지만 과도한 물주기는 뿌리썩음병을 유발할 수 있습니다. 고사리 뿌리를 촉촉하게 유지할 수 있을 정도의 물은 좋지만, 물이 고이지 않도록 주의해야 합니다.

☺　　　　　Pet - Attention

반려동물　원예용 고사리 중 일부 종은 반려동물에게 유해할 수 있습니다. 고사리의 종류에 따라 독성 여부가 다르지만, 반려동물이 고사리의 잎이나 줄기, 뿌리를 섭취할 경우 구토나 설사 같은 소화기 문제가 발생할 수 있습니다. 일반적으로 많이 키우는 박쥐란, 아디안텀 고사리, 후마타 고사리, 보스턴 고사리 등은 유해하지 않은 것으로 알려져 있지만, 반려동물이 식물의 잎이나 줄기를 먹는 버릇이 있다면 항상 주의가 필요합니다.

☞　　　Tip - Fern
　　　　고사리 관리 팁

토양　　고사리는 배수가 잘되고 약산성인 토양을 선호합니다. 양치식물 전용 토양을 사용하셔도 좋고, 성장기에는 약간의 비료를 사용하면 더욱 건강하게 자랄 수 있습니다.

잎 관리　죽거나 상한 잎은 바로 잘라내어주세요. 이렇게 하면 미관을 유지할 뿐만 아니라 새로운 잎이 잘 자라도록 도울 수 있습니다.

고사리의 새 잎

고사리의 새 잎은 처음 나올 때 말려 있는 형태로 나타납니다. 이 말린 잎은 위쪽으로 돌돌 말려 있으며, 자라면서 서서히 펼쳐지게 되죠. 이러한 형태는 새로운 잎이 자라는 과정에서 볼 수 있는 전형적인 특징입니다. 새로 자라는 고사리의 잎에는 작은 솜털이 있기도 한데, 이는 연약한 잎을 보호하는 역할을 합니다. 충분히 자라고 나면 이 솜털은 자연스럽게 사라집니다. 고사리의 새 잎은 매우 연약하고 섬세하기 때문에, 이 시기에는 물리적인 손상을 받지 않도록 조심스럽게 다루는 것이 좋습니다.

우리가 보통 반찬으로 먹는 고사리도 여린 새순을 사용합니다. 부드럽고 연하며 식감이 좋고, 독특한 풍미가 있기 때문이죠. 앞서 언급했듯이 고사리는 독성이 있는 종이 많은 편인데, 물에 담그고 데쳐서 조리하면 대부분의 독소가 제거됩니다. 봄철에 새순을 채취해 삶은 뒤 물에 담가두었다가 건조시켜 보관하면 일 년 내내 잘 먹을 수 있습니다. 다 자란 묵은 잎은 질기고 섬유질이 많아 식감이 떨어지고, 쓴맛과 떫은맛이 강해 식용에는 적합하지 않습니다.

고사리의 포자

고사리의 포자는 성숙한 잎의 뒷면에 있는 포자낭(sorus)에서 형성되며, 이는 보통 여름에서 가을 사이에 발생합니다. 포자낭은 고사리 잎의 뒷면에 여러 개의 작은 점으로 보이는데, 이 점들은 각각 수천 개의 포자를 포함한 작은 주머니입니다. 이 주머니가 성숙하면 안에 있는 포자가 방출될 준비를 하죠. 포자낭이 완전히 성숙하면 터지면서 포자가 방출됩니다. 방출된 포자는 바람이나 물의 이동에 의해 널리 퍼져나가게 되며, 적절한 조건(온도, 습도, 빛, 토양 조건 등)을 만나면 발아하여 새로운 고사리로 자라게 됩니다. 고사리의 포자는 그 상태로 몇 개월에서 몇 년까지도 생존할 수 있으며, 적절한 환경을 만나기 전까지는 휴면 상태로 남아 있습니다.

고사리가 약 3억 5천만 년 전인 고생대부터 지금까지 존재할 수 있었던 비결은 꽃이 피지 않아도 포자로 번식할 수 있는 간단한 생식구조, 오랜 시간 휴면 상태를 유지하며 널리 퍼질 수 있는 생존력, 그리고 열대우림부터 산악 지대까지 다양한 환경에 적응하는 능력 덕분입니다. 이러한 특성들이 지구의 여러 환경 변화 속에서도 고사리가 생존하고 번성할 수 있게 하는 중요한 요소로 작용한 것입니다.

프테리도매니아Pteridomania는 빅토리아 시대의 식물학적 호기심과 제국의 확장, 그리고 상류층의 취미문화가 모두 어우러져 만들어진 독특한 현상이었습니다.

Jasmine

자스민

No Perfume without Jasmine

자스민

향기의 여왕이라고 불리는 자스민은 장미와 함께 가장 향이 좋은 꽃으로 손꼽히는 식물입니다. 그 어떤 향과도 비교할 수 없을 정도로 매혹적인 향기를 가지고 있어, 많은 조향사가 "자스민 없이는 향수도 없다"고 말할 정도로 많은 향수의 원료로 사용되고 있죠. 실제로 여성 향수의 약 80% 이상, 남성 향수의 약 30% 이상에 자스민 향이 사용된다고 하니, 틀린 말은 아닙니다.

자스민의 향기는 보통 해 질 녘부터 아침까지 강하게 나며, 해가 뜨면 그 향이 약해지는 특성이 있습니다. 그래서 자스민은 "밤의 여왕", "숲속의 달빛"이라고도 불리죠. 인공적으로 만들 수 없는 향기이기 때문에 자스민은 매우 비싼 원료에 속합니다. 보통 꽃 1톤을 수확하면 겨우 1kg 정도의 향료를 추출할 수 있을 정도로 양이 적기 때문입니다. 게다가 향이 좋은 아름다운 밤에, 손으로 수확해야 하므로 더욱 고급 원료로 여겨져요.

자스민은 매혹적인 향기 덕분에 오랫동안 향수의 원료로 사용되어 왔습니다. 그러나 향수뿐만 아니라, 약용이나 아로마테라피용으로도 고대 이집트, 그리스, 로마, 인도 등에서 다양하게 활용되어 왔습니다. 자꾸 귀한 원료라는 이야기를 들으면 자스민을 키우기 어렵다고 생각할 수도 있을 것 같아요. 기분 좋게도, 그중 몇몇 종류는 사실 실내에서도 비교적 쉽게 키울 수 있습니다. 특히 원예용으로 가장 많이 유통되는 학자스민(white jasmine)은 가녀린 줄기와 풍성한 꽃을 가지고 있어 인기가 많아요. 봄부터 꽃이 만개하기 때문에 특히 봄철 시장에서 많이 볼 수 있죠. 꽃망울이 터지기 전까지는 향을 내지 않다가, 단 한 송이의 꽃만 피어도 은은하게 향기가 퍼집니다. 대부분의 꽃이 그렇듯 학자스민의 꽃도 오래가지 않아 며칠 내로 떨어지지만, 워낙 풍성하게 자라는 식물이라 한 화분에서도 여러 송이의 꽃이 순차적으로 피어나 봄철 내내 그 아름다움을 즐길 수 있습니다.

자스민은 덩굴성 식물이기 때문에, 지지대를 사용해 줄

기가 잘 타고 갈 수 있도록 길을 만들어주는 것이 수형을 예쁘게 잡는 팁입니다. 꽃이 지고 나면 가지치기를 해주면 좋은데, 이렇게 하면 다음번에 더 풍성하게 꽃망울을 맺을 수 있습니다. 봄이 되면 자스민을 햇빛이 잘 드는 곳에 두세요. 더욱 많은 꽃망울이 맺히며 향기로운 봄을 오랫동안 즐길 수 있을 것입니다.

진짜 자스민은 아니지만, 이름에 '자스민'이 들어가서 자주 오해되는 원예 품종도 많습니다. 그중 하나가 바로 오렌지 자스민(Murraya paniculata)입니다. 이 식물은 자스민과는 달리 영춘화속이 아닌 운향과에 속하는 식물이지만, 하얀 꽃이 자스민과 비슷할 뿐 아니라 향기도 자스민처럼 은은하고 향기롭기 때문에 이런 이름이 붙여졌죠. 마다가스카르 자스민(Stephanotis floribunda)도 비슷한 경우입니다. 박주가리과에 속하는 덩굴성 식물이지만, 꽃이 자스민과 비슷하고 향기도 좋아 마다가스카르의 이름을 따와 이 이름이 붙었습니다. 이들 식물은 진짜 자스민은 아니지만, 시장에서 흔히 볼 수 있고 키우기 쉬운 품종에 속하니, 직접 보시고 원하는 수형의 식물을 선택하는 것도 좋습니다. 이들 모두 아름다운 향기와 꽃을 가지고 있으며, 각각의 고유한 매력을 충분히 즐길 수 있으니까요.

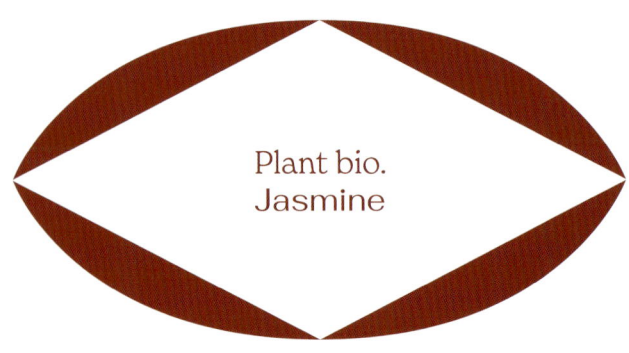

Plant bio.
Jasmine

물푸레나무과 Oleaceae
재스민속, 또는 영춘화속 Jasminum

자스민은 상록성 목본 덩굴식물로, 자스민속(영춘화속)에는 약 300여 종이 있습니다. 속명 Jasminum은 '신의 선물'이라는 의미를 지닌 페르시아어에서 비롯되었다고 해요. 이란과 인도 북부, 중국 서부에 걸친 지역이 원산지이며, 현재는 호주와 뉴질랜드에서도 자생하고 있습니다.

대부분의 품종이 흰색이나 노란색의 꽃을 피우고, 그중 일부는 강한 향기를 지니고 있어 향수와 자스민차의 원료로 사용됩니다. 또한 생리통, 우울증, 편두통에 효능이 있고, 항균 효과도 있어 아로마테라피용으로도 오랫동안 사용된 원료입니다.

우리나라에서는 봄이면 개나리와 더불어 노란 꽃을 피우는 황매화나 영춘화도 이 자스민속에 속합니다. 이 식물들은 향기는 거의 없지만 우리나라 어디서도 월동을 하기 때문에 정원수로 아주 인기가 많습니다.

How to care
Jasmine

◇ **Light - Indirect**

빛　　밝은 실내에서 잘 자라는 식물입니다. 직사광선이 내리쬐는 야외라면, 나무 그늘이 살짝 드리운 곳에 심는 것이 좋습니다. 너무 오랫동안 직사광선을 받으면 잎이 탈 수 있기 때문이에요. 실내에서 키운다면, 유리창으로 한 번 걸러진 빛이 들어오는 밝은 창가가 가장 좋습니다. 창문을 열어두면 바람결을 따라 들어오는 은은한 향기도 즐기실 수 있을 거예요. 햇빛을 많이 받을수록 꽃도 더 많이 피지만, 한여름의 뜨거운 햇빛은 살짝 가려주는 것이 좋습니다.

◇ **Temperature - 18~23°C**

온도　　자스민의 생육 적정 온도는 18~23°C이며, 최저 5°C의 추위에서도 버틸 수 있는 식물입니다. 고온에는 약하지만, 추위에는 잘 견디며 저항력이 강해 키우기 쉬운 식물입니다. 베란다에 둘 경우, 여름 낮에 내부 온도가 높아지면 창문을 열어 온도를 낮춰주세요.

💧 　　　Water - 3~5 Days

물　　　배수력이 좋은 비옥한 흙을 사용하여 분갈이하면 좋습니다. 자스민은 이른 봄부터 꽃이 피고 지고를 반복하는데, 개화 기간 동안 많은 수분을 필요로 하므로 물 관리를 잘 해주는 것이 중요합니다. 보통 겉흙이 말랐을 때(속흙은 아주 약간의 수분이 남아 있을 때) 물을 주는 것이 좋습니다. 물을 너무 말리거나 건조하게 관리하면 응애나 진딧물의 피해를 보기 쉬워지고, 통풍이 잘 되지 않아도 잎이 쉽게 바스라지기 때문에, 흙을 잘 적셔주고 적절히 말려주는 것이 중요합니다. 여의치 않다면 선풍기를 활용해 통풍 관리를 쉽게 할 수 있습니다.

☺ 　　　Pet - Friendly

반려동물　자스민은 사람과 동물 모두에게 무해합니다. 잎, 줄기, 열매, 꽃 모두 섭취 시 독성이 없기 때문에 안심하고 키울 수 있습니다.

☞ **Tip - Jasmine**
　　　화분선택하기

식물을 집에서 키울 때 고려해야 할 것들은 많지만, 플랜테리어 측면에서 본다면 어떤 화분을 선택하느냐가 식물을 고르는 것만큼 중요하다고 생각합니다. 형태도 중요하지만, 소재도 분위기에 큰 영향을 미치는데요. 크게 도자기 화분, 토분, 플라스틱 화분으로 나누어 볼 수 있어요.

도자기 화분은 초벌 후 유약을 바르고 재벌을 한 상태로, 다양한 색과 질감을 낼 수 있고 깔끔하게 유지할 수 있기 때문에 고급스러운 분위기를 연출하기 좋습니다. 토분은 재벌 과정을 거치지 않은, 초벌만 한 단계의 도자기라고 할 수 있습니다. 흙을 고온에서 구워낸 상태로, 흙 고유의 자연스러운 색감과 질감을 가지며, 유약을 바르지 않았기 때문에 흙이 숨 쉴 수 있어 통기성이 필요한 식물을 키울 때 좋습니다. 다른 화분보다 흙이 잘 마르기 때문에, 물을 아주 좋아하는 식물에는 추천하지 않습니다. 시간이 지날수록 백화 현상이 일어나면서 빈티지한 무드가 연출되기도 해요. 모두 장점이 많은 화분이지만, 도자기나 토분은 화분의 크기가 커질수록 무게도 상당해지기 때문에 벽걸이나, 선반 위에 둘 때 불안하기도 하고, 깨지기 쉬운 단점이 있습니다.

　플라스틱이나 신소재를 활용한 화분은 도자기의 깔끔한 장점을 가져오면서도 가볍고, 무엇보다 잘 깨지지 않는 것이 가장 큰 장점입니다. 또한, 포인트가 될 수 있는 다양한 색상과 디자인의 화분이 많아, 새로 분갈이할 때 자주 활용하고 있습니다. 예쁘기도 하지만, 식물을 많이 키우다 보면 가볍다는 장점이 정말 매력적이거든요. 스트랩을 활용해 행잉하기도 좋고, 저면관수를 위해 화분을 욕실이나 베란다로 옮긴다거나, 화분의 자리를 바꿀 때도 가벼워 부담이 없습니다. 화분이 깨질까, 변질될까 하는 걱정이 든다면, 가벼운 화분을 선택해 다양하게 연출하며 재미있게 플랜테리어를 시작해보는 것도 좋은 방법입니다.

봄이 되면 자스민을 햇빛이 잘 드는 곳에 두세요. 더욱 많은
꽃망울이 맺히며 향기로운 봄을 오랫동안 즐길 수 있을 것입니다.

Hoya

호야

저도 꽃피는 호야 사고 싶어요!

호야

호야는 참 고마운 식물입니다. 평소에는 어두운 구석에서도 조용히 자리를 지키며 잘 자라고, 특별히 손이 많이 가지 않는 식물 중 하나죠. 성장속도도 느린 편이라 신경쓰일 일이 별로 없는 식물이기도 합니다. 그래서 지금의 작업실로 이사하기 전까지는 항상 호야를 조금 어두운 곳에서 많이 키웠어요. 그런 환경에서도 웃자라지 않고 원래의 모습을 잘 유지하는 식물은 드물기 때문에, 적당한 장소라고 생각하면서요. 그 곳에서의 호야는 항상 푸르긴 했지만, 키우면서 꽃은 한 번도 볼 수 없었습니다. 그러다 작업실을 어느 곳에서나 밝은 빛이 들어오는 유리온실로 옮긴 후, 호야의 변화는 그야말로 드라마틱했어요. 마치 "이제 내 진짜 모습을 보여줄게"라고 하듯,

별처럼 빛나는 분홍 꽃송이를 피우기 시작했죠. 지금의 온실에서는 일년에 5~6번 이상은 꽃이 폈다 지곤 합니다. 여전히 예전과 같이 물을 자주 주지 않지만, 밝은 빛을 받을 수 있는 환경 하나만 변했을 뿐인데, 이렇게 다른 모습을 보여주다니 새삼 놀랍기도 하고 고맙기도 했습니다. 별다른 것을 해준 것도 아닌데, 단지 환경이 바뀌자 이렇게 아름답게 피어나니 미안한 마음도 들었습니다. 강하다는 이유만으로 더 혹독하게 키운 것이 아닌가 싶어서요.

호야가 꽃을 피울 때마다 기분이 좋아서 SNS에도 자주 업로드하다보니, 주변 친구들도 호야에 관심을 갖기 시작했습니다. 그러던 어느 날, 한 친구가 "저도 꽃피는 호야 사고 싶어요."라고 말한 적이 있어요. 그 친구는 자신의 호야는 꽃이 피지 않는 식물인 줄로만 알고 있었던 거예요. 그 말을 들으니 예전에 어두운 곳에만 두었던 호야가 떠올랐습니다. 사실, 꽃을 피우는 호야가 따로 있는 것은 아니거든요. 모든 호야는 꽃을 피울 수 있지만, 적절한 환경을 맞춰줘야 합니다. 햇빛이 부족하면 꽃이 피지 않을 뿐, 그 푸르른 아름다움은 계속 유지하죠. 그래서 친구에게 집에서 가장 밝은 곳으로 옮겨보라고 이야기해 주었습니다. 그러면 조금 더 성숙해진 후, 별처럼 아름다운 꽃을 보여줄 수 있을 거라고요. 호야의 이런 모습을 보면서, 역시 식물을 키울 때 무엇보다 중요한 것은 그 식물의 특성을 잘 이해하고, 그에 맞는 환경을 제공해주는 것이라는 점을 다시금 느끼게 되었어요.

호야의 두껍고 광택이 나는 잎은 모양도 다양하고, 연한 녹색부터 진한 녹색까지 있어 꽃이 피지 않아도 그 자체로 충분히 아름답습니다. 해가 잘 들어오지 않는 실내에서도 그 존재감이 확실하게 느껴지고, 관리도 쉬운 식물이죠. 하지만 만약 밝은 빛이 들어오는 곳에 둔다면 더욱 특별한 존재감을 발휘할 거예요. 작은 별 모양의 꽃들이 동그랗게 모여 피어나는 모습은 작은 우주를 보는 것 같기도 하거든요.

지금도 호야는 제 작업실 창가에서 빛을 받고 자라며 그 작고 빛나는 꽃송이를 피워낼 몽우리를 만들고 있습니다. 몽우리가 생기기 시작할 때부터 꽃이 피는 순간을 기다리는 시간은 참 설레입니다. 꽃이 피면 하루에도 몇번씩 가까이 다가가 만져보고 살펴보며 미소짓곤 해요. 식물과 함께 하는 이 모든 과정의 순간들이 저의 하루를 풍요롭게 채워준다고 생각합니다. 식물을 보며 한번 더 웃을 수 있고, 한번 더 자연을 맡을 수 있고, 한번 더 감사함을 느낄 수 있기 때문입니다.

Plant bio.
Hoya

아포사인과 Apocynaceae

호야속 Hoya

호야는 주로 열대 및 아열대 지역에서 자라는 상록 덩굴 식물입니다. 호야속에는 약 300여종 이상의 식물이 포함되어 있으며, 다양한 형태와 크기의 잎과 꽃을 가지고 있어요. 잎은 대부분 두껍고 다육질이며, 광택이 나고 질감이 단단합니다. 종에 따라 타원형, 심장형, 구형 등의 모양을 띠며, 색상도 녹색부터 은색 반점이 있는 것까지 다양해요. 꽃은 작고 별 모양이며 보통 다발로 모여 피어납니다. 꽃잎도 두껍고 왁스처럼 보이며, 솜털이 나 있는 경우도 많아요. 꽃의 색상도 주로 흰색, 분홍색, 빨간색 등으로 다양합니다. 달콤한 향기가 나는 경우도 많지만 사람에 따라 좋지 않은 향기라고 느끼는 종도 있어요. 꽃은 피고 나서 2주정도 유지되고, 적절한 조건을 갖추면 같은 꽃자루에서 반복적으로 연중 여러번 개화합니다.

여러 종류의 호야

How to care
Hoya

◈　　**Light - indirect**

빛　　호야는 밝은 간접광을 좋아합니다. 햇빛을 직접적으로 받는 직사광선은 잎을 태울 수 있으므로 주의해야 합니다. 밝은 간접광이 충분히 들어오는 창가에 두는 것이 가장 좋습니다. 호야는 상대적으로 약한 빛에서도 잘 자라는 편이지만, 이 경우 성장이 느려지고 꽃이 피지 않을 수 있습니다.

◈　　**Temperature - 18~27°C**

온도　　호야의 생육 적정 온도는 18~27℃입니다. 겨울철에는 10℃ 이하로 내려가지 않도록 주의해야 합니다. 갑작스러운 온도 변화나 찬바람에 노출되면 식물이 스트레스를 받기 때문에, 온도 변화는 서서히 느끼게 해주는 것이 좋습니다.

💧 **Water - 1~2 Weeks**

물　　호야는 다육질의 잎을 가지고 있어 물을 자주 주지 않아도 되는 식물입니다. 흙이 충분히 말랐을 때 물을 주는 것이 좋으며, 과습하면 뿌리가 썩어 잎까지 무를 수 있으니 주의해야 합니다. 평소에는 1~2주에 한 번, 겨울에는 2~3주에 한 번 정도 물을 주어도 잘 자라는 식물입니다.

☺ **Pet - Attention**

반려동물　호야는 약간의 독성이 있을 수 있으므로, 반려동물이나 어린 아이가 식물을 먹는 버릇이 있다면 주의가 필요합니다. 단, 식물을 키우고 만지는 것만으로는 독성이 배출되지 않으니 걱정하지 않아도 됩니다.

🐛 **Pest - Caution**

병충해　호야는 병충해에 강한 식물이지만, 간혹 진딧물, 응애, 깍지벌레 등이 생기기도 합니다. 정기적으로 잎을 확인하고 문제를 발견하면 즉시 닦아내고, 적절한 해충제를 사용하면 금방 회복될 수 있습니다. 또한, 잎에 먼지가 많이 쌓이면 광합성에 방해가 되어 성장이 저해될 수 있으므로, 부드러운 천이나 물티슈로 주기적으로 닦아주면 더욱 아름답게 키울 수 있습니다.

☞ **Tip - Hoya**
꽃 피우기

호야

집에서 키우는 호야에 꽃이 피길 원한다면, 밝은 빛과 적절한 온도를 제공해 주세요. 성장기 동안 충분한 빛을 받도록 하고, 가을과 겨울에는 약간의 냉기를 통해 자연스러운 계절 변화를 느끼게 하는 것이 꽃을 피우는 데 도움이 됩니다.

호야는 오래된 꽃자루에서 반복적으로 꽃을 피우기 때문에, 꽃이 진 후에도 꽃자루를 제거하지 않는 것이 좋아요. 같은 자리에서 계속 꽃을 볼 수 있습니다.

호야는 줄기 꺾꽂이로 쉽게 번식할 수 있어요. 줄기를 잘라 물에 담구어 두거나 흙에 심어주면 몇 주 후에 금방 뿌리를 내립니다.

Ivy

아
이
비

시간만이 해결해 주는 일

아
이
비

플랜테리어 컨설팅을 하다 보면 클라이언트들이 원하는 이미지가 겹칠 때가 종종 있습니다. 생각보다 많은 분들이 벽이나 담을 푸르게 뒤덮은 풍성한 담쟁이 덩굴이나 아이비의 모습을 원할 때가 많아요. 전체적으로 풍성하면서도 스타일리시하고 자연스러운 모습을 원할 때, 이런 덩굴식물의 이미지가 큰 역할을 한다는 것을 느끼곤 합니다. 아마도 그분들은 시공이 끝나면 바로, 충분히 풍성하고 자연스러운 녹색 벽을 가질 수 있을 것이라 기대하셨을 거예요. 하지만 시중에서 구할 수 있는 아이비의 크기는 분명 한계가 있습니다. 벽을 뒤덮는 아름다운 모습을 얻기 위해서는 무엇보다도 시간과 정성이 필요하죠.

아이비뿐만 아니라 모든 식물은 시간이 지나면서 제 나름의 모습을 찾아가게 됩니다. 아이비는 천천히 벽을 타고 오르며 초록빛 덩굴로 공간을 가득 채워줄 것입니다. 그러나 그 모습은 단순히 시간이 흐른다고 해서 얻어지는 것은 아니에요. 자주 들여다보고, 가끔은 줄기를 유도하며 방향을 잡아주는 과정이 필요하죠. 조경 전문가에게 의뢰하면 마치 하루아침에 완성된 결과를 얻을 수 있을 것 같지만, 그 아름다움을 위해서는 키우는 사람의 시간과 손길이 필수적입니다.

최근 플랜테리어에 대한 사람들의 관심이 높아지면서 많은 분들이 식물로 공간을 멋지게 연출하고 싶다고 생각하실텐데요. 단순히 예쁘게 보이기 위한 디자인 요소로서만 식물에 접근한다면 위험할 수 있어요. 시공이 끝난 후 지속적인 관리가 없다면 식물은 빠르게 시들거나 병충해를 입고, 심지어 죽을 수도 있으니까요. 꾸준한 관심과 사랑이 없다면, 그저 일시적인 팝업스토어 연출과 다르지 않습니다. 그러니 식물과 함께하는 공간을 원한다면, 일정한 시간과 약간의 노력을 투자할 준비를 해 주세요. 아무리 아름다운 공간을 구상하더라도, 그 공간을 유지하는 것은 전적으로 식물을 기르는 사람의 손길에 달려있기 때문입니다. 조경에서는 설계와 시공도 중요하지만, 유지 관리 또한 큰 몫을 차지하는 중요한 부분입

니다.

식물을 기르는 시간은 우리에게 마음의 평온을 주기도 합니다. 천천히 자라는 모습을 지켜보면, 자연이 주는 작은 변화들을 하나하나 느낄 수 있어요. 그러니 식물을 들일 때 너무 빨리 크지 않는다고 조급해하지 말고, 또한 너무 부담스럽게도 느끼지 말고 천천히 흘러가는 시간을 즐기며 그 순간의 아름다움을 음미해 보셨으면 좋겠습니다. 느리게 자라는 것만 같았던 식물이 어느새 푸르고 풍성하게 자라나는 순간의 기쁨을 경험하게 될 테니까요.

벽을 타고 올라가는 아이비

Plant bio.
Ivy

아이비

두릅나무과 Araliaceae
아이비속 Hedera

학문적으로는 학명의 라틴어 발음인 헤데라속(Hedera)이라고 표현하기도 하지만, 일반명인 아이비로 가장 많이 알려진 속(Genus)이에요. 헤데라속과 아이비속 모두 맞는 표현입니다. 이 안에는 약 15종의 아이비가 포함되어 있습니다. 아이비는 주로 덩굴성으로 자라며 벽이나 나무를 따라 뻗어나가는 성질이 있어요. 공중뿌리를 이용해 표면에 붙어 자라며, 높이와 넓이를 빠르게 확장합니다. 주로 유럽 서아시아, 북아프리카가 원산지이며, 이 중에는 한국, 중국, 일본 등 동아시아 지역이 원산지인 송악(Hedera rhombea)도 포함되어 있습니다. 전 세계적으로 다양한 기후에서 자라기 때문에, 실내외에서 모두 적응하여 많은 지역에서 재배되고 있어요.

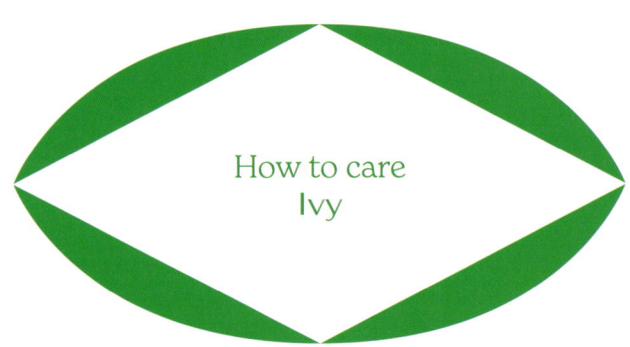

How to care
Ivy

◇　　**Light - Indirect**

빛　　아이비는 주로 그늘진 숲 속에서 자라는 덩굴성 식물이기 때문에 밝은 간접광을 선호합니다. 반 그늘에서 잘 자라기 때문에 실내 창가에 두면 수월하게 키울 수 있어요. 직사광선 아래에서는 흙과 식물이 모두 빨리 건조해질 수 있어 수분 손실이 크기 때문에 잎이 시들 수 있고, 탈 수 있습니다. 만약 직사광선이 들어오는 곳에 두어야 한다면 커튼이나 큰 나무를 옆에 두워 빛을 필터링하면 좋아요.

◇　　**Temperature - 15~25°C**

온도　　생육 적정온도는 15~25°C입니다. 노지에서는 한겨울에도 월동을 하지만, 화분에 키우고 있으시다면 추운 곳에서는 성장이 느려지고 잎을 떨어뜨리기 때문에 10°C이상은 유지해주는 것이 좋아요.

💧 　　Water - 2~4 Days

물　　　배수가 잘 되는 흙을 사용하고, 겉흙이 마르면 물을 주면 됩니다. 물을 줄 때는 화분 밑으로 물이 충분히 빠질 정도로 흙 전체를 적셔주는 것이 중요해요. 개인적인 경험으로는 쉬운듯 하면서도 어려웠던 부분이 아이비 물주기였어요. 과습은 좋지 않아 흙이 계속 젖어있으면 안 되지만, 잎이 풍성한 탓인지 물이 생각보다 빨리 마르는 편입니다. 다른 식물들 보다는 조금 더 자주 주세요. 물론 흙의 수분도를 체크한 다음에 주셔야 합니다. 성장기가 아닌 겨울에는 그 주기를 더 늘려야 하니까요. 보통은 일주일에 1~3번이 적당해요.

☺　　　Pet - Non Pet-friendly.

반려동물　아이비는 독성이 있는 식물입니다. 단순 접촉으로는 문제가 없지만 반려동물이 잎이나 줄기를 섭취할 경우 구토, 침 흘림, 설사 등의 증상이 나타날 수 있어요. 저희 강아지들도 어릴 때 제가 못보는 사이 아이비를 뜯어 먹고 구토를 한 적이 몇 번 있습니다. 다행히 다량 섭취를 하지 않았고 구토 외에는 다른 증상은 없었어요. 그 후에도 아이비 몇 번, 또 다른 식물들을 몇 번 뜯어먹고 구토 증상을 보였지만, 1살이 지나고 나니 인지가 생긴 건지 실내 식물을 건드리지 않더라고요. 하지만 구토 경험이 있는데도 불구하고 계속 섭취하려한다면, 행잉 화분을 이용해 반려동물이 닿지 않는 곳에 두는 것이 좋겠습니다.

식물을 기르는 시간은 우리에게 마음의 평온을 주기도 합니다.
천천히 자라는 모습을 지켜보면, 자연이 주는 작은 변화들을
하나하나 느낄 수 있어요.

☞   Tip - Ivy

담쟁이덩굴과 아이비

우리나라의 오래된 건물들을 보면 담쟁이 덩굴이 뒤덮고 있는 풍경을 자주 볼 수 있습니다. 사람들은 이를 아이비로 착각하기도 하죠. 영미권에서 담쟁이 덩굴은 Boston Ivy, 아이비는 Ivy로 불리기 때문에 더욱 헷갈리기 쉬워요. 둘 다 덩굴성 식물이긴 하지만, 종류와 특징은 분명히 다릅니다.

담쟁이 덩굴 (Boston Ivy, Parthenocissus tricuspidata)은 포도과(Vitaceae)에 속해요. 주로 동아시아에서 자생하고, 건물 외벽을 덮거나 조경용으로 사용됩니다. 가을에는 붉게 물들이 매우 아름다운 색변화를 보여요. 벽에 붙는 성질이 강해서 건물 외벽에 장식용으로 많이 쓰이고, 겨울에는 잎이 모두 떨어지는 낙엽 식물입니다.

반면, 아이비(Ivy, Hedera helix)는 실내외 관상용으로 재배되며, 주로 짙은 초록색을 띠고 크고 작은 변이가 있지만, 사철 푸른 잎을 유지하는 상록 식물입니다. 아이비는 항상 푸른 잎을 가지고 있어 계절 변화와 관계없이 그 푸르름을 유지하는 것이 특징이에요.

벽을 타고 올라가는 담쟁이덩굴

Conifer Bonsai

송백 분재

이토록 섬세한

송
백
분
재

처음 분재 전시를 접한 것은 약 15년 전이었습니다. 국립수목원의 전시실에서 분재 작가들이 정성껏 가꾼 작품들을 보게 되었어요. 밖에서만 보던 큰 소나무를 이렇게 작고 멋있게 키울 수 있다니. 그 작은 화분 속 소나무에서 느껴지는 강인함과 우아함은 마치 오랜 세월의 이야기와 자연의 기운을 축소해 놓은 듯한 감동을 주었습니다. 분재는 자연의 아름다움을 작은 공간에 담아내는 예술적 작업입니다. 작은 화분 안에 광대한 자연이 담긴 듯한 풍경을 구현하고, 그 안에 깃든 시간을 섬세하게 표현해 내는 것이죠. 가지를 정리하고 형태를 가꾸며 자연스러운 선을 만들어 나가는 과정은 엄청난 시간과 노력이 요구됩니다. 그러한 노력이 쌓여 얻어지는 성취감과 미적 즐거움은, 그 가치를 아는 사람만이 느낄 수 있는 특별한 보상이겠지요.

분재를 공부하다 보면 이 작업이 얼마나 복잡하고 섬세한지 깨닫게 됩니다. 오랜 시간 동안 분재를 가꾸어 온 사람들에 대한 존경심이 생기는 건 자연스러운 일이에요. 분재의 매력을 알게 된 후로는 가끔 분재 전시회를 찾아가거나 전문 전시관을 방문합니다. 다양한 식물을 다루는 일을 10년 넘게 하고 있지만, 분재는 다른 식물들과는 전혀 다른 차원의 섬세함이 필요한 영역임을 느낍니다. 그 안에 가꾸는 사람의 손길과 철학이 깊이 배어 있는 시간이 보이는 것 같거든요.

어른들만의 고급 취미로만 보였던 분재가 요즘은 젊은 사람들에게도 큰 인기를 끌고 있습니다. 수목원이나 전문 전시관을 가야 볼 수 있었던 분재를 이제는 다양한 전시에서 좀 더 쉽게 접할 수 있게 되었죠. 분재에 대해 잘 모르더라도 그 작고 정교한 아름다움은 누구나 알아볼 수 있나봅니다. 감상하는 것만으로도 마음이 차분해지고, 자연과 함께 하는 느림의 미학을 느끼게 되는 것이지요.

분재는 주인의 발자국 소리를 듣고 큰다는 말이 있습니다. 매일 들여다보고 관리해야 하는 분재는 분명히 어려운 취미지만, 뭐든지 빠르게 소비되고 쉽게 버려지는 일

회성 제품에 익숙해진 우리에게 시간과 정성의 가치를 일깨워주는 더 큰 의미로 다가옵니다.

분재의 종류는 매우 다양합니다. 소나무나 향나무 같은 침엽수를 다루는 송백 분재, 단풍나무나 은행나무처럼 계절의 변화를 보여주는 활엽수 분재, 벚꽃이나 매화같이 꽃과 열매가 매력적인 화목 분재, 야생화를 다루는 초화류 분재, 그리고 등나무나 으름덩굴 같은 덩굴성 분재 등이 있습니다. 각기 다른 매력과 가꾸는 방식을 가지고 있어, 자연의 다양한 모습을 경험할 수 있는 특별한 기회를 선사합니다. 이번 챕터에서는 분재 중에서도 송백 분재에 대한 설명을 드리려고 해요. 분재하면 떠오르는 가장 첫번째 그림이라고 생각하거든요. 그 고고한 아름다움을 한번 경험해보고 싶으시다면, 다음에 소개되는 내용들을 숙지하고 부담스럽지 않은 선에서 시작해보시면 좋겠습니다.

Plant bio.
Conifer Bonsai

송백분재는 소나무와 잣나무 등 여러 종류의 침엽수로 만들어진 분재를 말합니다. 대표적으로 소나무속(Pinus)에 속하는 적송, 흑송, 백송, 해송, 잣나무 외에도 전나무속(Abies), 가문비나무속(Picea), 편백속(Chamaecyparis), 측백나무속(Thuja)의 다양한 침엽수도 포함되어 있습니다. 속명은 다르지만 모두 소나무과에 속하니 크게 보면 모두 소나무 분재라고 할 수 있죠. 이러한 침엽수들은 강한 생명력과 독특한 수형덕분에 분재로서의 가치가 높으며, 시간이 지날수록 그 아름다움이 더욱 깊어집니다.

How to care
Conifer Bonsai

◇   **Light - Direct**

빛   소나무는 햇빛을 많이 필요로 하는 식물입니다. 하루에 최소 4~6시간 이상의 햇빛을 받는 것이 좋아요. 베란다, 야외 테라스, 온실 같은 밝은 장소에 두면 가장 이상적입니다. 실내에서 키울 때는 남향이나 서향 창가처럼 햇빛이 잘 드는 곳에 배치하는 것이 좋습니다. 겨울철에는 햇빛이 상대적으로 적어지므로 가능한 빛이 잘 드는 곳에 두어야 합니다. 만약 실외에 두었다가 실내로 옮긴다면 햇빛이 잘 드는 창가나 밝은 인공조명을 사용해 추가적인 빛을 제공해 주세요.

◇   **Temperature - 18~30°C**

온도   소나무는 본래 우리나라의 사계절 날씨를 견딜 수 있는 내한성이 강한 식물입니다. 하지만 분재로 키울 경우 겨울철에는 화분의 뿌리가 얼어붙지 않도록 주의해야 합니다. 봄부터 가을까지는 야외에서 잘 자라지만, 겨울이 다가오면 실내로 옮겨 두거나 바람이 잘 막히는 곳에 두는 것이 좋습니다.

💧　　**Water - 1-2 Days**

물　　　소나무는 배수성이 좋아야 건강하게 자랍니다. 분재용 흙을 사용하거나 배양토에 모래 등을 섞어 배수를 좋게 해주면 좋습니다. 물을 줄 때는 흙이 약간 마른 상태를 확인한 후 주는 것이 좋으며, 흙이 완전히 마르기 전 약간 촉촉할 때 물을 주어야 합니다. 물은 화분 아래로 충분히 빠질 정도로 흙 전체를 적셔 주어야 해요. 여름철에는 온도가 높아 물이 빨리 증발하므로 조금 더 자주 물을 주어야 합니다. 흙의 상태를 자주 확인해야 하지만 보통은 1~2일에 한 번이 적당하며, 무더운 날에는 하루에 두 번 정도 체크하고 물을 주는 것이 좋습니다. 반면 겨울철에는 성장 속도가 느려지므로 물을 너무 자주 주면 과습의 위험이 있어 물 주는 빈도를 줄여야 합니다.

☺　　**Pet - Caution**

반려동물　소나무 분재를 키울 때 식물 자체는 반려동물에게 크게 문제가 되지 않습니다. 야외에서 산책할 때도 소나무를 특별히 피하지 않는 것처럼 말이죠. 하지만 반려동물이 있는 공간에서 키울 때 몇 가지 주의할 점이 있어요.

소나무 잎이나 수액을 섭취할 경우 구토, 설사 등의 독성 반응을 일으킬 수 있습니다. 특히 소나무 잎은 뾰족하고 날카로워 반려동물의 입이나 소화기관에 상처를 줄 수 있는 가능성도 있어요. 사람도 알레르기 반응이 다르듯이, 반려동물도 컨디션에 따라 반응이 다르게 나타날 수 있습니다. 단순 호기심에 아주 소량을 씹었다가 뱉거나 섭취했다면 대개 문제가 되지 않지만, 장기간 섭취하거나 증상이 나타났을 경우 즉시 병원을 방문하는 것이 가장 안전한 방법입니다. 반려동물의 안전을 위해 소나무 분재는 높은 곳에 배치하거나 반려동물이 가까이 가지 않도록 주의하는 것이 좋습니다.

☞　　　**Tip - Conifer Bonsai**

비료 주기

소나무 분재는 성장기인 봄과 여름에 비료가 필요합니다. 분재용 비료를 사용하거나 하이포넥스 같은 액체 비료를 한 달간 꾸준히 주면 좋습니다. 비료를 주기 전에 꼭 물을 먼저 주어 뿌리가 타지 않도록 유의해야 합니다. 겨울철에는 생장이 느려지고 휴면기에 들어가기 때문에 비료를 주지 않는 것이 좋습니다. 휴면기에 비료를 주면 오히려 과습과 비슷한 문제가 발생할 수 있어요.

가지치기

가지치기는 소나무 분재의 형태를 아름답게 유지하고 건강하게 성장시키기 위한 중요한 작업입니다. 잔가지나 죽은 가지, 병든 가지, 도장지♣를 제거해 줍니다. 보통 새싹이 많이 나오는 봄에 많이 하지만 평소에도 자주 들여다보며 모양을 잡아주는 것이 좋아요.

♣ 도장지 : 徒長枝 영양상태나 환경조건에 의해 충실한 생장을 못하고 웃자란 가지

분갈이와 와이어링

소나무 분재는 2~3년에 한 번씩 뿌리를 체크한 후 분갈이를 하는 것이 좋습니다. 주로 봄이나 초여름, 나무가 활발히 성장하는 시기에 진행하는 것이 이상적입니다. 화분에서 살짝 꺼내어 보고 뿌리가 화분 전체를 감쌌다면, 그때가 바로 분갈이할 때입니다. 만약 키우던 분재 화분 안에서 뿌리보다 흙이 많이 보인다면 그대로 두고 1년 더 키운 후 다음 해에 다시 확인해 보시면 됩니다.

화분에서 나무를 조심스럽게 꺼낸 후, 나무 막대를 사용해 뿌리와 흙을 적당히 풀어줍니다. 많이 자란 뿌리는 약 30% 정도 잘라내고, 흙도 30~50% 정도 새 흙으로 교체해 주면 됩니다.

철사로 나무와 화분이 분리되지 않도록 고정한 후, 흙을 채워 줍니다. 마지막에는 이끼나 돌을 사용하면 더욱 멋진 분재를 연출할 수 있어요. 분갈이 후에는 꼭 물을 충분히 주어 뿌리가 잘 내리도록 도와줍니다.

송백 분재

분재를 공부하다 보면 이 작업이 얼마나 복잡하고 섬세한지 깨닫게 됩니다. 오랜 시간 동안 분재를 가꾸어 온 사람들에 대한 존경심이 생기는 건 자연스러운 일이에요.

Pencil Cactus

청
산
호

파티오라금

청산호

유포르비아 티루칼리(Euphorbia tirucalli)는 그 가늘고 길게 뻗은 녹색 줄기 덕분에 '연필 선인장(Pencil Cactus)'이라는 별명으로도 불립니다. 이름에 '선인장'이 들어가 있지만, 이 식물은 사실 다육식물이에요. 이 독특한 외형 덕분에 많은 사람들에게 사랑받고 있죠. 사진만으로도 매력적이지만, 실제로 보면 더욱 많은 사람들이 매력을 느끼고 좋아하는 식물 중 하나입니다.

다른 다육식물에 비해 웃자람이 덜하기 때문에 실내에서 키우기 좋고, 건조한 환경에서도 잘 견디는 생존력 또한 이 식물의 매력을 더해주는 요소입니다. 유포르비아 티루칼리의 가장 눈에 띄는 특징은 바로 그 줄기입니다. 가늘고 구불구불한 녹색 줄기는 마치 식물 자체가 예술 작

작품인 듯한 아우라를 풍기고, 공간에 독특한 분위기를 더해주죠. 저 역시 이 매력에 빠져 플랜테리어 작업을 할 때 꽤 자주 사용하고 있으며, 여러 식물이 들어왔다 나가는 제 작업실에서도 항상 두세 개씩 키우고 있습니다. 물론 지인들에게 선물할 때도 많이 선택받는 식물이구요. 우리나라에서는 이 식물이 '파티오라금' 또는 '청산호'라는 이름으로 유통되고 있습니다. 특히 원예시장에서는 줄기가 더 얇고 풍성한 형태를 가진 식물을 '파티오라금'이라 부르는데, 이 이름의 유래는 정확히 알 수 없어요. 외국어처럼 들리지만, 전 세계적으로도 우리나라에서만 사용하는 독특한 명칭입니다. 이 품종의 학명은 '유포르비아 티루칼리 '로세아'(Euphorbia tirucalli 'Rosea')'인데, 가을이나 일조량이 많은 시기에는 줄기가 붉거나 주황빛으로 물드는 것이 아주 인상적입니다. 그래서 외국에서는 'Fire Sticks' 또는 'Red Pencil Cactus'라는 이름으로 불리기도 합니다. 햇빛에 많이 노출될수록 줄기가 주황색이나 붉은색으로 변하며, 이국적인 분위기를 자아내지요. 하지만 빛이 적은 환경에서는 녹색을 유지합니다. 'Rosea'와 비슷한 형태지만 좀 더 작은 크기로 성장하며, 줄기가 얇고 촘촘한 모습으로 풍성한 모양을 이루는 품종은 'Compact'입니다. 책상 위에 두기에 적당한 크기이고 관리도 쉬운 편이에요. 이 품종도 국내에서는 '파티오라금'이라는 이름으로 불리며, 낮은 기온과 높은 일조량이 겹치면 줄기가 주황빛으로 변할 수 있지만, 기본적으로는 연중 녹색을 유지하는 경우가 많습니다. 붉게 변하는 정도는 'Rosea'만큼 극적이지는 않아요.

반면, 우리나라에서 '청산호' 또는 '연필선인장'이라고 불리는 유포르비아 티루칼리 '그린 펜슬'(Euphorbia tirucalli 'Green Pencil')은 줄기가 더 통통하고 위로 길게 뻗는 형태를 띠며, 연중 푸른색을 유지합니다. 이 품종은 줄기 끝이 붉게 변하지 않고, 일정하게 녹색을 유지하는 점이 특징이에요.

예전에 한 손님께 이 식물을 추천해드린 적이 있습니다. 그분은 독특한 외형이 너무 아름답다고 하시며 70cm 정도 되는 아이를 데려가셨죠. 1년도 채 지나지 않아 다시 오셔서 다른 식물을 고르며 재미있는 이야기를 해주셨어요. 남향 창가에 두었더니 줄기가 붉게 물드는 모습도 볼 수 있어 무척 좋았지만, 생각보다 빠르게 자라서 뿌듯하면서도 부담스럽다고 하시더군요. 보통 다육식물은 성장 속도가 느린 편이지만, 유포르비아 속 식물들은 환경만 잘 갖추어진다면 비교적 빠르게 성장하는 특성을 가지고 있습니다. 만약 커지는 것이 부담스럽다면 줄기를 잘라서 1주일 정도 잘린 부분을 말린 후, 화분에 심어보세요. 식물을 번식시키는 또 다른 즐거움을 느끼실 수 있을거에요.

Euphorbia tirucalli 'Rosea'

Euphorbia tirucalli 'Compact'

청산호

가늘고 구불구불한 녹색 줄기는 마치 식물 자체가 예술 작품인 듯한 아우라를 풍기고, 공간에 독특한 분위기를 더해주죠.

Plant bio.
Penclil Cactus

대극과(유포르비아과) Euphorbiaceae
대극속 Euphorbia

유포르비아 티루칼리는 대극속에 속하는 약 2,000여 종의 식물 중 하나로, 다양한 개량종과 변종이 존재합니다. 이 식물의 여러 품종은 줄기의 굵기와 형태에 따라 구분되며, 다른 다육식물과 달리 풍성한 수형을 자랑합니다. 영미권에서는 이 독특한 수형 때문에 'Pencil Cactus'라는 이름으로 불리기도 하며, 줄기에서 나오는 유액 때문에 'Milk Bush'라고도 합니다. 또한, 햇빛을 잘 받으면 줄기 끝부분이 붉게 물드는 특징이 있어 'Fire Sticks'라는 이름으로도 알려져 있습니다. 유포르비아 티루칼리의 원산지는 아프리카 대륙으로, 특히 사하라 이남 아프리카에서 자생합니다. 현재는 아프리카뿐만 아니라 아시아, 중남미 등 열대 및 아열대 지역에서도 널리 재배되고 있습니다.

How to care
Penclil Cactus

◇ **Light - Direct**

빛　　　밝은 직사광선을 좋아합니다. 하루에 최소 4~6시간 이상의 직사광선을 받는 것이 이상적인데, 특히 줄기 끝부분이 붉게 물드는 모습을 더욱 선명하게 볼 수 있기 때문입니다. 실내에서 키울 경우, 남향이나 서향 창가처럼 햇빛이 잘 드는 곳에 배치하는 것이 가장 좋습니다. 빛이 조금 덜 드는 곳에서도 생존할 수 있지만, 그 경우 줄기가 연약해지고 색이 흐려지게 됩니다.

◇ **Temperature - 18~30°C**

온도　　생육 적정 온도는 18~30℃입니다. 겨울철에는 온도가 10℃ 이하로 떨어지지 않도록 주의해야 해요. 유포르비아 티루칼리는 따뜻하고 건조한 환경을 좋아하며, 습도가 높은 곳은 적합하지 않습니다. 과도한 습기는 줄기 썩음이나 곰팡이, 병해충 문제를 유발할 수 있으니 주의해주세요.

💧   Water - 2~4 Weeks

물   다육식물이기 때문에 물을 자주 주지 않아도 됩니다. 흙이 완전히 마른 후에 물을 주는 것이 중요합니다. 생장 속도가 빠른 편이기 때문에 건조한 환경을 잘 유지해준다면, 빠르게는 2주에 한 번씩도 물을 줄 수 있지만, 보통은 2~4주 간격으로 흙이 충분히 마른 후에 물을 주는 것이 좋습니다. 다육식물용 혼합토나 마사토가 많이 섞인 흙을 사용해 배수성을 높여주고, 물이 잘 빠지도록 관리해주는 것이 중요합니다.

☺   Pet - Non Pet-friendly.

반려동물 이 식물은 줄기를 자르면 하얀 유액이 흘러나옵니다. 유포르비아과 식물들은 대부분 이와 비슷한 특징을 가지고 있어요. 이 유액은 피부에 자극을 줄 수 있기 때문에 식물을 다룰 때는 장갑을 착용하고, 어린이나 반려동물이 접근하지 않도록 주의해야 합니다.

Euphorbia tirucalli Green Pencil'의 줄기를 자른 후, 단면이 마른 모습

Pilea pepe

필
레
아

페
페

Friendship

필레아 페페

이 작고 동그란 잎을 처음 보았을 때, '이렇게 귀여운 식물이 있다니!' 라는 말이 제일 먼저 나왔어요. 식물을 보면 보통 차분해지고 은은한 미소를 짓게되는 순간이 많은데요. 유독 이 식물은 마치 사랑스러운 반려동물을 바라보는 듯한 기분이 든다고나 할까요. 균형 잡힌 줄기 끝에 올려져 있는 잎들은 차분하면서도, 어딘가 모르게 아주 밝고 귀여워서, 긍정적인 에너지를 주는 느낌이 있었어요. 은은한 미소보다는 사랑스러움의 미소가 지어지는 이 식물의 매력이 단지 그 외모뿐만이 아니란 걸 알게되면 필레아 페페에게 더욱 깊이 빠져들 수 밖에 없을 거에요.

필레아 페페는 원래 중국 남서부, 특히 윈난성 및 쓰촨성의 산악 지역이 원산지입니다. 필레아 페페가 서구에 전해지게 된 것은 1940년대 노르웨이 선교사가 이 식물을 중국에서 가져가면서부터였습니다. 그는 노르웨이로 돌아와 이 식물을 사람들과 나누었고, 점차 북유럽 전역으로 퍼져나갔어요. 왜 이렇게 빨리 관심을 받게 되었을까요? 그 외모만으로도 매력적인데, 더욱 중요한 것은 바로 키우기도 아주 쉬웠기 때문이에요. 관리가 쉬운 데다 번식도 간단하다 보니, 공식적인 식물학적 이름이 정의되기도 전에 사람들 사이에서 빠르게 퍼져갔습니다. 우정의 식물(Friendship Plant), 중국 식물(China Plant)과 같은 별명으로 불리면서 말이죠. 오랫동안 식물학자들 사이에서는 관심을 끌지도 못하고, 식물 도감에도 제대로 기록되지 않았는데요. 그러다 1970년대가 되어서야 식물학자들이 이 식물의 정체를 제대로 규명하고, 필레아 페페로미오이데스(Pilea peperomioides)라는 학명을 붙이게 되었습니다. 이미 북유럽의 가정에서는 널리 퍼져 있던 이 식물에 대해 학계에서 꽤 오랜시간 관심을 가지지 않은 것은 흥미로운 역설을 보여줍니다.

요즘의 유행이나 트렌드와도 비슷하다는 생각이 들어요. 매년 새로운 신조어가 생겨나고, 새로운 유행이 금방 왔다 금방 지나가곤 합니다. 금새 우리의 기억에서 사라지기도 하지만, 어느새 우리 일상에 스며들어 일상의

한 부분을 차지하기도 하죠. 일정기간 그 의미를 가지고 사용되어지다보면 그 중에 몇 단어들은 표준어가 되기도 하는 것처럼, 필레아 페페도 사람들의 꾸준한 사랑 덕분에 지금까지 단 하나의 품종으로 오래 살아남은 식물이 되었습니다.

필레아 페페의 매력 중 또 하나는 그 독특한 번식 방식에 있습니다. 유럽에서 '우정의 식물'이라는 별명을 얻은 이유도 바로 번식 때문입니다. 앞서 소개한 접란처럼 자구번식을 하는데요. 다만, 접란은 긴 줄기를 뻗어 그 끝에 자구를 만들어 번식하는 반면, 필레아 페페는 식물의 밑동 가까이에서 작고 동글동글한 자구들이 자라납니다. 이 자구들 마져도 너무나 귀엽죠. 자구들을 조심스럽게 떼어내어 흙에 심으면, 곧 새로운 생명으로 자리잡습니다. 이렇게 뿌리내린 작은 필레아 페페를 친구나 이웃에게 나누고 식물을 키우는 기쁨을 공유하는 일, 그것이야말로 필레아 페페의 진정한 매력입니다.

Plant bio.
Pilea pepe

쐐기풀과 Urticaceae
필레아속 Pilea
페페로미오이데스종 peperomioides

필레아 페페로미오이데스는 중국 남서부의 윈난성과 쓰촨성의 고산지대가 원산지입니다. 자연에서는 그늘진 숲속에서 잘 자라기 때문에 햇빛이 한번 걸러지는 실내에서도 아주 잘 자라는 편입니다. 이 식물의 가장 큰 특징이라면 둥글고 귀여운 잎입니다. 잎은 윤기가 나고, 길고 가느다란 줄기 끝에 달려있어 동전 같기도, 우산같기도 해요. 키우기 쉬운데다 독특한 잎 모양 덕분에 전 세계적으로 인기가 많은 식물입니다. 동전같은 모양과 원산지를 고려한 이름인 Chinese Money Plant라는 이름으로 가장 많이 불립니다.

학명의 페페로미오이데스(peperomioides)라는 이름은 다음에 소개할 '페페로미아peperomia'와 비슷한 잎 모양을 하고 있어 이름 지어진 것이지만, 엄연히 다른 식물입니다. 이름이 길어 우리나라에서는 '필레아 페페'로 줄여서 부르기 때문에 더욱 헷갈리기 쉬워서, 원예시장에서도 같은 종류라고 오해하고 있는 경우도 많습니다.

How to care
Pilea pepe

✧ **Light - Indirect**

빛　　밝은 실내에서 잘 자랍니다. 직사광선은 잎을 태울 수 있어요. 조금 어두운 곳에서도 자랄 수 있지만 빛이 너무 부족하면 잎이 적게 나거나 작아지거나 줄기가 길어지는 웃자람 현상이 나타날 수 있습니다. 계속 아름답게 유지하고 싶다면 실내에서 가장 밝은 곳에 두면 좋아요. 유리창으로 한번 걸러진 햇빛에는 타지 않습니다.

⊕ **Temperature - 18~24°C**

온도　　생육 적정온도는 18~24℃의 실내 온도가 가장 이상적입니다. 추운 온도에 민감한 편이라 겨울에는 15℃이하로 떨어지지 않도록 주의해야 해요.

💧　　Water - 4~6 Days

물　　　흙이 말랐을 때 물을 주는 것이 중요합니다. 과도한 물 주기는 뿌리 썩음을 유발할 수 있어요. 평소에는 4~6일에 한번 정도 주면 얼추 맞는데요. 여기에서 여름에는 빈도를 약간 늘리고 겨울에는 빈도를 줄이는 것이 좋습니다.

☺　　Pet - Friendly

반려동물　독성이 없기 때문에 반려동물이나 어린 아이가 식물을 만지거나 씹더라도 심각한 독성 반응을 일으키지 않습니다. 하지만 다량으로 섭취하면 드물게 구토나 설사를 할 수 있어요. 이는 식물 자체의 독성 때문이 아니라, 소화기에 적응되지 않은 섬유질 섭취 때문일 수 있어요.

☞　　**Tip - Pilea pepe**
자구 번식

번식이 쉬운 식물로, 뿌리에서 자구가 자주 나와요. 이 자구는 독립적인 식물로 분리하여 새 화분에 심을 수 있습니다. 자구를 잘라내어 물에 꽂아 뿌리를 내려도 되지만, 보통 뿌리가 만들어진 상태로 흙에서 빼낼 수 있기 때문에 바로 화분에 심어도 좋습니다. 성장속도가 빠른 편이라 키우는 재미를 느낄 수 있어요.

☞ **Tip - 수박 필레아 Pilea cadierei**

필레아속(Pilea)에서 또 실내식물로 많이 키우는 식물이 있습니다. 바로 우리나라에서 수박필레아라고 불리는 필레아 카디에레이Pilea cadierei입니다. 베트남과 중국이 원산지인 식물로 주로 열대 및 아열대 지역에서 자생하고, 전 세계적으로 관엽식물로 많이 재배되고 있어요.

이 식물의 가장 큰 특징은 잎의 독특한 은빛 무늬입니다. 저도 이 매력 때문에 옆에 두고 키우는 식물 중에 하나에요. 영미권에서는 이 때문에 알루미늄 플랜트라는 이름을 가지고 있습니다. 키우는 방식은 앞서 설명드린 필레아 페페와 비슷해요.

다른 점은 바로 번식방법이에요. 수박필레아는 줄기 삽목이나 물꽂이로 쉽게 번식할 수 있습니다. 건강한 줄기를 잘라 물이나 흙에 꽂으면 뿌리가 자라죠. 잘라낸 부분에서는 또 새로운 줄기가 뻗어나옵니다. 성장성이 좋은 식물이니 정기적으로 가지치기를 통해 수형을 유지하는 것이 좋습니다.

Peperomia

페
페
로
미
아

Slow & Steady

페페로미아

페페로미아는 다양한 품종을 가진 식물로, 전 세계에서 사랑받고 있습니다. 이름이 길어서 각 품종의 특징을 반영한 '아몬드 페페', '수박 페페'처럼 '페페'라는 이름으로 줄여 부르곤 하지요. 단순히 외형적 특징에서 착안한 이름들이지만, 그 속에는 저마다의 이야기가 담겨 있습니다. 닮은 듯 다르며 그 속에서 특별함을 발견하게 되는 페페로미아의 매력은, 그 이름만큼이나 다채롭습니다.
이 식물의 이름을 들으면, 사람들은 흔히 필레아 페페와 페페를 혼동하곤 합니다. 둘다 식물의 긴 이름을 줄여부르기 때문에, 그 이름도 비슷한데다 잎도 둥글고 반들반들하니 비슷하니까요. 하지만 필레아 페페는 쐐기풀과 식물이고, 페페로미아는 후추과 식물로 엄연히 다른 특징을 가지고 있습니다. 이름과 모양은 닮았지만, 이 둘의 속성은 다릅니다. 필레아 페페로미오이데스(Pilea peperomioides)는 필레아의 속성을 가지고 있는데 그 잎 모양이 페페로미아와 비슷하다고 해서 붙여진 이름인데요. 이와 마찬가지로 페페로미아(Peperomia)라는 이름 역시 재미있는 유래가 있습니다. '페페로미아'는 그리스어에서 유래해 '후추와 닮았다(Pepper-like)'는 의미를 가지고 있습니다. 실제로 후추과에 속하는 식물이기도 하고요. 식물을 분류할 때는 생식적 특성을 위주로 하기 때문에 같은 속에 속해도 생김새는 매우 다른 경우가 많습니다. 그래서 외형적인 특성이 종(Species)이름에 들어가는 경우가 많죠. 후추와 페페로미아, 그리고 필레아 페페로미오이데스로 이어지는 명명법의 과정이 단순해서 재미있고, 그래서 더욱 기억에 남습니다.

페페로미아를 이야기할 때 빼놓을 수 없는 또 다른 혼동의 대상이 있습니다. 바로 호야(Hoya)입니다. 몇몇 덩굴성 페페로미아는 호야와 매우 비슷한 모습을 하고 있어, 저도 종종 헷갈리곤 해요. 친구들이 어떤 식물인지 물어볼 때 페페로미아임에도 불구하고 '호야의 새 품종인가?'라고 착각했던 적도 있었으니까요. 그만큼 두 식물은 닮아 있지만, 서로 다른 매력을 지니고 있습니다.

특히 '청페페'라고 불리는 페페로미아 옵투시폴리아

(Peperomia obtusifolia)는 유독 광택이 있는 두툼한 잎을 가지고 있습니다. 호야의 짙은 초록색 버전처럼 보이기도 하고, 잎의 질감과 두께, 광택감을 보면 고무나무의 잎을 보는 것 같은 느낌도 줘요. 그래서 청페페의 별명도 Baby Rubber Plant(아기 고무나무)입니다. 고무나무처럼 키우기도 아주 쉬운 식물이니 딱 맞는 이름이라는 생각이 들어요.

페페로미아의 꽃은 작고 길쭉한 이삭 모양을 하고 있습니다. 관상 가치는 크지 않아서 대부분의 사람들은 그것이 꽃인지조차 알아차리지 못하는 경우가 대부분이에요. 이와 같은 이유로 중요하게 생각되지 않지만, 어느 날 불쑥 삐죽하게 올라온 꽃을 바라보고 있으면, '나 지금 잘 키우고 있구나.'는 안도감이 듭니다. 페페로미아는 성장속도가 빠르지 않아 새 잎이 자주 돋아나지 않기 때문에, 더욱 이런 변화가 큰 위안을 줍니다. 크기도 아담하고 성장 속도도 느린 덕에 여러 식물 사이에서 뒷전으로 밀리는 때가 많은데, 그 자리에서 묵묵하게 자라면서 자기만의 꽃을 피우는 모습을 보면 새삼 깨닫게 됩니다. 누가 뭐라든 생애의 모든 과정에서 자신만의 리듬으로 꾸준히 무언가를 해 나가는 것이 얼마나 소중하고 의미있는지 말이죠.

청페페(Peperomia obtusifolia)의 꽃

Plant bio.
Peperomia

후추과 Piperaceae
페페로미아 속 Peperomia

페페로미아속 Peperomia에는 변종과 신품종까지 포함하여 약 1,000여종이 넘는 다양한 품종이 있습니다. 이 식물은 열대 및 아열대 지역이 원산지에요. 특히 중남미의 열대우림에서 많이 자라며, 일부 종은 아프리카와 아시아의 열대 지방에서도 발견되요. 원산지가 다양한 만큼, 다양한 환경에서의 적응력이 뛰어납니다. 기본적으로 습하고 따뜻한 환경에서 잘 자라는 특성을 가지고 있어요. 다육식물은 아니지만, 잎과 줄기에 수분을 저장하는 다육질의 잎과 줄기를 가진 경우가 많습니다. 따라서 과습에는 민감한 편이니 실내에서 키울 때는 공중 습도는 높되 흙상태를 체크해서 물을 주고 따뜻한 환경을 유지해주면 잘 자란답니다.

다양한 종류의 페페로미아

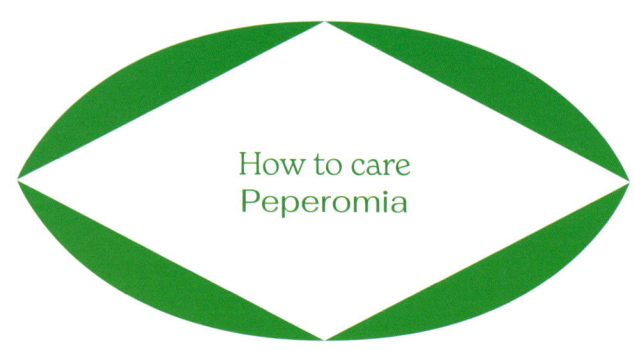

How to care
Peperomia

✧　　Light - Indirect

빛　　　　밝은 실내에서 잘 자랍니다. 햇빛을 직접적으로 받는 직사광선은 잎을 태울 수 있기 때문에 실내에 두고 키우기 아주 적합한 식물입니다. 하지만 너무 어두운 환경에서는 성장이 느려질 수 있으니 적당한 밝기를 유지하는 것이 좋은데요. 여기서 너무 어두운 환경이라는 것은 아마도 여러분이 생각하는 것보다는 밝은 곳일 거에요. 낮에 방에 들어갔는데 책을 읽기 위해서 조명을 켜야한다면 어두운 곳입니다. 그러니 집에서는 밝다고 생각되는 곳에 두는 것이 가장 안전해요.

✧　　　　Temperature - 18~25°C

온도　　　생육 적정온도는 18~25°C 정도로 일반적인 실내 온도에서 잘 자랍니다. 원산지가 따뜻한 곳인만큼 10°C이하의 추운 환경에서는 힘들어 할 수 있어요. 추운 에어컨 바람을 직접적으로 오래 맞거나 급격한 온도 변화를 느낄 수 있는 곳은 피하는 것이 좋습니다. 대부분의 다른 식물들 처럼요.

💧　　　Water - Weekly

물　　　페페로미아는 물을 자주 주지 않아도 되는 식물이에요. 흙이 완전히 말랐을 때 주어도 잘 견뎌요. 경험상 과습으로 죽는 경우가 많으니, 물주기를 조금 신경써서 해주어야 합니다. 겉흙이 완전히 말랐을 때 주면 좋은데, 보통은 일주일에 한번 정도가 적당합니다. 물이 너무 많이 고이면 뿌리 썩음이 발생할 수 있으니 배수가 잘 되는 화분과 흙을 사용해주세요.

☺　　　Pet - Friendly.

반려동물　독성이 없는 식물이기 때문에 반려동물을 키우는 가정에서 안심하고 키울 수 있습니다. 하지만 앞서도 반려동물에게 안전한 식물들을 소개했던 내용과 같이 식물의 잎을 다량으로 섭취할 경우 일시적인 소화문제를 일으킬 수 있으니 주의는 필요해요.

수박 페페

(Peperomia argyreia)

Cyperus

시
페
루
스

Paper : 고대에서 현대까지

시페루스

종이를 생각하면 흔히 나무를 떠올리곤 합니다. 그러나 아주 오래전, 한 강가에서는 인간과 식물 간의 특별한 관계가 있었어요. 그것이 바로 파피루스 이야기입니다. 나일강은 고대 이집트인들에게 삶의 터전이자 생명의 근원이었어요. 강의 흐름을 따라 키가 크고 길쭉한, 줄기 끝에 방사형으로 퍼진 잎을 가진 한 식물이 자라고 있었습니다. 그것이 바로 Cyperus papyrus, 우리가 흔히 '파피루스'로 부르는 식물이었죠. 고대 이집트에서 종이를 만들 때 사용되었던 식물입니다. 파피루스의 껍질을 벗겨 얇게 잘라내고 교차시켜 눌러 붙이는 과정을 거쳐, 두껍고 질긴 종이가 만들어 집니다. 그렇게 만들어진 파피루스 종이는 고대의 역사와 지혜를 고스란히 보여주는 귀중한 자료가 되었습니다.

파피루스는 기록을 남기는 용지 외에도 작은 보트와 가구 등을 만드는 데 사용되었습니다. 가볍고 튼튼한 줄기 덕분에 고대 이집트 문명에서는 파피루스가 지니는 경제적, 문화적 중요성이 매우 컸어요.

이렇듯 유용한 파피루스이니, 당연히 고대 이집트인들에게는 신성한 상징으로 여겨졌습니다. 파피루스가 자라는 나일강가와 습지는 곧 비옥한 토지의 상징으로 여겨졌고, 파피루스는 풍요와 생명의 상징이 되었습니다. 이집트의 주요 신전에서 파피루스 기둥 모양의 장식물이 발견된 것도 이러한 이유입니다.

오늘날 우리가 쓰는 "Paper(종이)"라는 단어도 바로 이 Cyperus papyrus에서 유래했습니다. 파피루스는 고대 이집트뿐만 아니라 그리스와 로마에서도 사용되며 많은 유산을 남겼죠. 이후 중국에서 만들어진 얇고 유연한 종이가 전 세계로 퍼져 나갔지만, 파피루스는 그 모든 것의 시작점이에요. 종이의 시작이기도 하지만, 고대 문명의 지혜를 오늘날까지 전해주는 기록의 시작이기도 하죠. 이를 바탕으로 인류는 지금까지 발전되어 왔으니, 단순한 역사적 유물은 아닙니다.

고대 이집트 문명이 남긴 유산은 눈부십니다. 그리고 그 중심에는 한때 나일강가를 따라 흔하게 자라던 파피루스가 있습니다. 이토록 멋진 식물을 우리는 집에서도 즐길 수 있다는 사실을 알고 계셨나요? 시페루스 속(genus)의 식물 중에 시중에서 구할 수 있는 식물은 바로 이 파피루스(Cyperus papyrus)와 시페루스(우산풀 또는 종려방동사니, Cyperus alternifolius)입니다. 두 종류 모두 환경을 맞춰주면 잘 크지만, 그 중에서도 시페루스가 훨씬 키우기가 쉬운 편이기 때문에 더 많이 유통됩니다. 파피루스의 형제와도 같은 식물이에요. 인류와 오랜 역사를 함께 해 온 식물은 그 존재만으로도 특별함이 느껴지죠. 그래서 저는 오늘도 이 식물들을 추천합니다. 왠지 풍요와 생명의 상징이 된 이 식물을 집에 들이는 것만으로도 좋은 기운이 들어올 것 같지 않으신가요?

왼쪽부터 뱅갈타이거 칸나, 시페루스, 파피루스, 창포, 탈리아

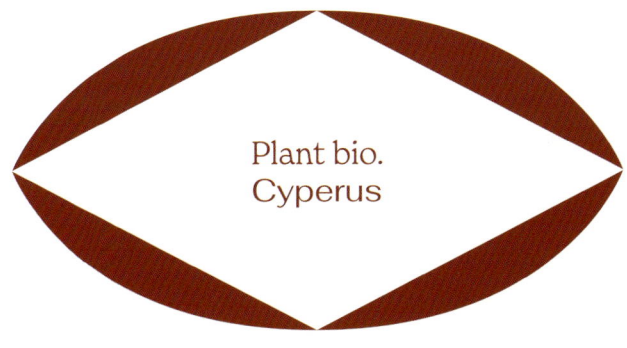

시페루스

사초과 Cyperaceae
시페루스 속 Cyperus

시페루스 속 식물은 전 세계적으로 약 700여 종이 있습니다. 주로 습지나 습한 환경에서 자라는 다년생 초본식물로, 키가 큰 종류에서부터 작은 종류까지 다양해요. 사초과 식물들은 주로 삼각형이나 원형 단면의 줄기와 가는 잎을 가지고 있으며, 물가나 습지 환경에서 잘 자라는 특징을 가집니다. 시페루스 속의 파피루스(Cyperus papyrus)와 우산풀(Cyperus alternifolius : 우리나라에서는 이 식물을 유통명으로 시페루스라고 부른다.)은 관상용으로 많이 재배되며, 특히 연못이나 실내 수생 식물로 많이 이용됩니다.

시페루스 Cyperus alternifolius

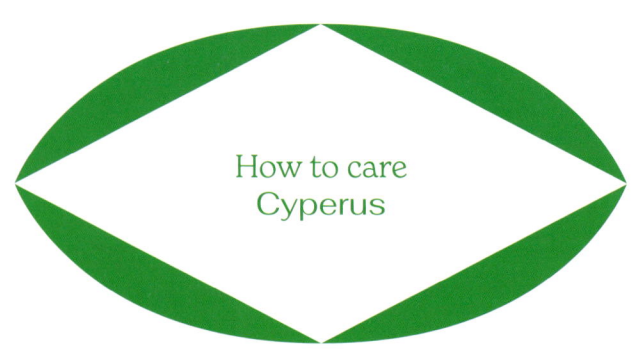

How to care Cyperus

◇ **Light - Indirect**

빛　　　간접적인 햇빛이 잘 드는 밝은 실내가 적합합니다. 자연광을 좋아하지만, 직사광선에 너무 많이 노출되면 잎이 타거나 노랗게 변하는 경우도 있어요. 실내에서 키울 경우, 저광 조건에서도 어느 정도 잘 자라지만 성장에 도움을 주기 위해서는 좀 더 밝은 간접광을 제공하는 것이 좋아요. 햇빛이 잘 들어오는 창가에 두면 좋습니다.

◇ **Temperature - 18~26°C**

온도　　시페루스는 따뜻한 기후에서 잘 자랍니다. 생육 적정온도는 18~26°C에요. 추운 환경에서는 성장 속도도 느려지고, 잎의 수가 급격히 줄어들어요. 냇가나 연못가의 수생식물들이 겨울이 되면 말라 없어졌다가 봄이 되면 새싹을 틔우는 모습을 떠올려보면, 가을이 지나고 난 후에는 지상부는 말라버린다는 것을 알 수 있습니다. 실내에서는 15°C이상을 유지하면 계속 초록 잎을 볼 수 있어요.

💧　　　Water - Everyday

물　　　시페루스나 파피루스는 모두 수생식물입니다. 주로 습지나 연못의 가장자리, 강가 등 물이 풍부한 환경에서 자라요. 뿌리가 물속에 잠겨있도록 연못이나 수조, 혹은 배수구멍이 없는 화분에 심으면 쉽게 키울 수 있습니다. 환기가 잘 되도록 하고, 물이 마르지 않도록 조금 큰 화분에 항상 물이 고여있도록 채워주면 되요.

☺　　　Pet - Friendly

반려동물　독성이 없는 식물이라 반려동물이나 어린 아이들에게 안전한 식물입니다. 하지만 반려동물이 너무 많이 섭취하는 버릇이 있다면 닿지 않는 곳에 배치해주세요.

☞ **Tip - Cyperus**
번식하기

시페루스는 번식이 쉬운 식물입니다. 크게 세가지 방법이 있어요. 뿌리 나누기와 씨앗 번식, 줄기 삽목입니다. 앞선 두가지 방법은 다른 식물을 설명할 때도 여러번 다뤘기 때문에, 이번에는 조금 독특한 시페루스의 줄기 삽목 방법을 설명드릴께요.

일반적인 줄기 삽목(Stem Cutting)은 줄기를 잘라 물병에 넣어두면 뿌리가 나는 방식입니다. 하지만 시페루스는 조금 다릅니다. 줄기를 자른 후(1), 윗부분에 있는 이파리도 짧게 잘라 주어야 합니다(2). 그리고 이 이파리가 시작되는 지점을 물 속에 넣어두면 몇 주 후 뿌리가 나기 시작합니다.(3)

보통 줄기를 물에 넣으면, 식물은 영양분을 흡수하려고 하면서 옥신(Auxin)같은 성장 호르몬이 활성화되어 줄기에서 뿌리가 나오도록 돕습니다. 그러나 시페루스는 이 성장 호르몬이 이파리가 시작되는 지점에서 활성화됩니다. 그 외에는 다른 줄기 삽목과 동일하게 진행됩니다. 뿌리가 나기까지 며칠에서 몇 주가 소요될 수 있으며, 물에 잠긴 부분에서 뿌리가 나오기 시작하고 새 잎이 나면 흙에 심어주면 됩니다.

205

작고 소중한

보
석
란

벨벳처럼 부드러운 질감 위로 금빛과 은빛의 섬세한 무늬가 반짝이는 고급스러운 잎을 처음 마주했을 때, 저도 모르게 "사장님, 이거 이름이 뭐에요?"라고 외쳤던 기억이 납니다. 그 이름이 '보석란'이라는 말을 듣고는 자연스레 고개를 끄덕였죠. 정말 이름 그대로, 마치 귀한 보석을 보는 듯한 느낌을 주었거든요. 영미권에서도 이 식물을 'Jewel Orchid'라고 부릅니다.

특히 보석란의 원산지인 태국이나 인도네시아 같은 동남아시아에서는 이 식물이 특별한 의미를 가져요. 행운과 보호의 상징으로 여겨져 집에 들여놓으면 악운을 막아주고 좋은 에너지를 불러온다고 믿었죠. 의미도 좋지만, 흔히 볼 수 없는 희귀한 잎 무늬와 빛나는 광택은 자연이 선물한 작은 보석과도 같아서, 한 번 들여다보면 그 매력에서 헤어나오기 어렵습니다.

난초라고 하면 으레 화려한 꽃을 먼저 떠올리기 마련이죠. 보석란을 알게 된 이후에도 저는 한동안 이 식물이 진짜 난초Orchid라는 생각은 못했어요. 일반적으로 꽃이 피어야 시장에 나오는 난초들과 달리, 보석란은 꽃이 아니라 그 잎이 관상가치를 가지고 있기 때문에 꽃이 없는 상태로 유통되고 있거든요. 줄기와 잎의 형태가 난초와 비슷하지만, 그 잎이 주는 매력이 강렬해서 '잎이 예뻐서 그런 이름이 붙었나 보다' 하고 생각했었죠. 그 화려한 난초의 꽃들 사이에서 잎만으로 사람들의 눈길을 사로잡는 '진짜 난초'라니. 그 자체로 굉장한 매력을 가졌다고 할 수 있겠죠?

하지만 우리나라에서는 그다지 주목받고 있지는 않은 것 같아요. 화려한 꽃으로 금세 주목받는 다른 난초들과 달리, 보석란의 잎은 화려하지만 조용하고 작아서 눈에 잘 띄지 않는 걸지도 모릅니다. 어딘가에서 갈색과 보라색 사이의 오묘한 잎이 작게 반짝이고 있다면 한번 도전해 보세요. 반짝이는 잎을 가만히 들여다보면 자연이 얼마나 다채로운 아름다움을 품고 있는지 새삼 깨닫게 될거에요. 나만의 작은 보석 같은 존재로 곁에 두기에는 더할 나위 없이 좋은 친구입니다.

보석란은 미적 가치도 높고 관리도 쉬운 편이지만, 번식은 조금 까다로운 편입니다. 씨앗 번식보다는 줄기삽목이나 포기나누기를 통해 번식하는데요. 이 과정은 성공하기가 쉽지 않아요. 열대 우림의 습기 가득한 환경을 집에서 재현하기란 여간 어려운 일이 아니니까요. 저도 키우다가 작은 새싹이 나서, 포기나누기를 해볼까 고민한 적이 많아요. 조금 어두운 곳에서 키우고 있는 보석란이라 더 약했을지도 모르겠지만 본체에 비해 훨씬 더 얇고 연약해서 포기나누기는 시도하지 않고 그대로 키우고 있습니다. 줄기삽목을 시도했을 때도 본체에서 돋아난 새 순이 강하게 자라지 않는 것을 보면서, 식물 하나를 키운다는 것의 의미를 다시금 생각하게 되었습니다. 세심한 관리가 필요한 시간이었지만, 그 작은 새싹을 바라보는 즐거움은 그 자체로 특별했어요.

번식에는 세심한 관리와 인내가 필요하지만, 성체가 된 보석란를 키우는 것은 쉽습니다. 그러니 어렵게 번식을 시도할 필요는 없어요. 처음 구매할 때는 작은 화분에 불과하지만, 이미 성체이기 때문에 키울수록 자기만의 선을 만들어가고 매력을 뽐내는 그 과정을 함께 즐기는 것만으로도 이 식물을 키우는 기쁨이 아주 크거든요.

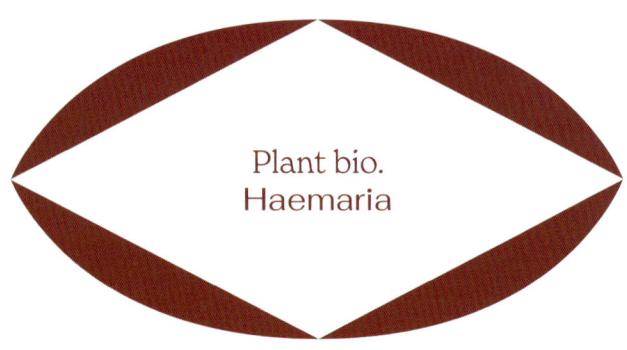

Plant bio.
Haemaria

난초과 Orchidaceae
헤마리아 속 Haemaria
Haemaria discolor

보석란은 난초과에 속하는 지생란(terrestrial orchids,地生蘭 : 흙에 뿌리를 내려 생장하는 난)이에요. 동남아시아의 열대우림이 자생지이며 고유의 습한 환경에서 잘 적응합니다. 다른 서양란과 달리 꽃보다는 잎의 아름다움이 주요 관상 포인트에요. 작은 흰색 꽃을 피우기도 하지만 잎의 매력으로 더 많이 키우는 식물입니다.

보석란(Jewel Orchid)은 다양한 속(genus)에 속하는 여러 종이 있습니다. 보석란으로 불리는 대표적인 종 중 하나는 Haemaria discolor입니다. 아름다운 벨벳 같은 잎과 패턴을 가지고 있어요. 키우기도 수월한 편이기 때문에 초보도 키우기 좋은 식물입니다.

How to care
Haemaria

◇ **Light - Indirect**

빛   밝은 간접광을 선호하기 때문에 밝은 실내에서 잘 자랍니다. 낮은 빛 조건에서도 잘 자랄 수 있지만, 성장 속도가 느려지고 조금 웃자람이 생길 수 있어요. 그 나름대로의 매력이 있기 때문에 조금 빛이 덜한 곳에서도 괜찮습니다.

◈ **Temperature - 18~25°C**

온도   생육 적정온도는 18~25°C입니다. 열대지방이 원산지인 만큼 추운 환경은 싫어해요. 최저 15°C 이하로 떨어지지 않도록 주의해 주세요. 겨울에도 따뜻한 곳에 두고 살펴보시는 것이 중요합니다.

💧　　　**Water - Weekly**

물　　　흙이 촉촉하게 유지되도록 물을 충분히 주서야 합니다. 그러나 물이 고여서 뿌리가 썩지 않도록 배수에 신경을 써야해요. 배수가 잘 되도록 난초 전용 배양토를 쓰거나 일반 배양토에 마사토를 10~30%정도 섞어 심으면 좋습니다.

물을 줄 때는 물이 화분 아래로 빠질만큼 충분히 주고, 겉흙이 말랐을 때 다시 주면 되요. 보통은 일주일에 한두번 주면 되지만 집이 조금 더 습하다면 그 기간을 조금 더 늘리고, 건조하다면 조금 더 자주 주면 됩니다. 집에서 물을 준 다음, 얼마나 지나야 겉흙이 마르는지 초반 몇 주동안 잘 지켜보면 이후에는 훨씬 수월해집니다.

높은 공중습도를 좋아하기 때문에 자주 물을 분무해주거나 화분 주변에 물을 두어 습도를 높이면 잎이 마르지 않아 더욱 관상가치가 높아질거에요.

☺　　　**Pet - Freindly**

반려동물　강아지나 고양이가 실수로 잎을 물거나 먹어도 독성이 없기 때문에 안심할 수 있습니다. 하지만 너무 과량을 섭취한다면 꼭 동물들이 닿지 않는 곳에 두시는 것이 안전해요.

☞ **Tip - Haemaria**

꽃

해마리아는 보통 1월에서 3월 사이에 작은 흰색 꽃을 피워요. 잎의 화려함에 비해 꽃은 작고 평범하지만 소박한 아름다움이 있습니다. 만약 꽃을 피우고 싶다면 가을부터 겨울철 동안 약간 건조한 환경을 유지해주고, 물을 너무 자주 주지 않으면서 뿌리가 마르는 것만 방지해주세요. 집에서 가장 밝은 곳에서 겨울에 너무 춥지 않도록 20℃ 정도는 꾸준히 유지해주면 좋습니다.

Korean Dendropanax

황
칠
나
무

왕의 나무

황
칠
나
무

최근 몇 년 사이 원예 시장에서 유난히 사랑받고 있는 식물 중 하나가 바로 황칠나무입니다. 넓고 광택이 나는 잎은 햇빛을 받으면 반짝이며, 그 우아한 수형은 보는 이의 눈길을 사로잡습니다. 사계절 내내 푸른 잎을 자랑하는 상록수이기에 겨울에도 그 푸르름을 간직하고 있죠. 황칠나무는 원예용 식물이라면 갖춰야 할 바로 그 조건도 충분히 충족시켜 주고 있어요. 바로 비교적 관리가 쉬운 식물이라는 것입니다. 따뜻하고 습한 환경을 좋아하고, 병충해에도 강한 내병성을 가지고 있어 초보자도 큰 부담 없이 키울 수 있죠. 그래서 잠깐의 유행에 그치지 않고 꾸준히 사랑받고 있는 식물입니다.

우리나라의 남부 지방에서 오래도록 자생해온 이 식물

은, 그 시간만큼의 다양한 이야기를 가지고 있습니다. 황칠나무를 상처내면 노란색 진액이 나오는데, 선조들은 이를 모아 도료로 사용했어요. 이 칠이 마르고 나면 황금빛 광택을 내기 때문에 황칠이라는 이름이 붙여졌으며 그 가치는 매우 높았습니다. 조선 시대에는 이 황칠이 너무 귀해서 왕실의 가구나 공예품에만 사용되었다고 해요. 황칠의 광택은 오랜 시간에도 쉽게 바래지 않으며, 마치 황금처럼 빛난다고 해서 왕이나 귀족들이 주로 애용했죠. 그래서 이 나무는 '왕의 나무'라고 불리기도 했습니다.

중국 역사서에서도 황칠나무에 대한 언급이 등장합니다. 특히, 진시황이 불로초를 찾기 위해 동쪽으로 사신을 보냈다는 이야기가 유명하죠. 결국 불로초의 진실은 알 수 없지만, 황칠나무 역시 진시황이 관심을 가졌던 식물 중 하나였다는 전설이 전해져요. 황칠나무에서 추출한 수액은 건강과 장수에 도움을 주는 약재로도 오래 사용되어 왔거든요.

그러나 모든 것이 그렇듯, 황칠나무도 세월의 흐름 속에서 점차 그 가치가 잊혀져 갔어요. 조선 후기로 넘어오며 황칠나무와 그 수액의 비밀을 아는 사람이 거의 사라졌고, 특히 일제강점기를 거치며 황칠나무는 대규모 벌채와 자원 수탈의 대상이 되었습니다. 우리나라 고유 품종

인 이 나무는 희귀종이 되었고, 그와 함께 황칠 기술도 거의 전해지지 않아, 그 값비싼 황칠 도료의 비밀이 사라져 버리게 된 셈입니다.

최근 들어 한국 전통 공예의 부활과 함께 황칠에 대한 관심이 다시 증가하면서 이 나무를 복원하고 가꾸는 노력이 이어지고 있습니다. 덕분에 다양한 특산품도 생기고, 원예용으로도 많이 유통되기 시작했어요. 황칠나무는 알아볼수록 매력이 있는 식물입니다. 왕의 나무로서의 명예, 불로장생의 상징이었던 오래된 역사를 지나, 이제는 현대인의 생활 속에 서서히 녹아드는 친숙한 식물이 되고 있어요.

두릅나무과 Araliaceae
황칠나무속 Dendropanax
황칠나무종 Dendropanax morbifera

황칠나무속의 다른 종들은 동아시아 지역에서 폭넓게 자라고 있지만, 황칠나무(Dendropanax morbifera)라는 특정 종은 한국 고유의 특산종으로, 특히 우리나라의 남해안과 제주도에서 많이 자생합니다. 중국과 일본에도 비슷한 종이 자생하기는 하지만, 황칠나무 고유의 특징인 황금빛 수액과 관련된 특성으로 인해 우리나라 남부에서 오랜 기간 동안 관리되고 보존되어왔어요. 자생지에서는 크게 자라고 울창한 숲을 만들지만, 원예용으로는 작고 얇은 어린 황칠나무를 많이 볼 수 있습니다. 분재처럼 철사를 이용해 줄기의 선을 잡아주면 더욱 아름답게 연출 할 수 있습니다.

How to care
Korean Dendropanax

◇   **Light - Direct**

빛   우리나라 남부와 제주도에서 자생하는 나무이기 때문에, 그 환경을 잘 맞춰주면 수월하게 키울 수 있습니다. 밝은 양지에서도 자라지만 한여름의 강한 직사광선은 잎을 태우는 경우도 있어요. 주변에 큰 나무가 아주 더울 때 살짝 그늘을 만들어주는 정도의 밝기에서 잘 자라는데요. 집에서는 빛이 잘 드는 창가에 두면 됩니다. 만약 조금 더 실내의 안쪽에 두고 싶다면, 빛의 조도가 높은 LED 식물조명을 사용하는 것도 도움이 됩니다.

◇   **Temperature - 18~25°C**

온도   황칠나무는 따뜻한 온도에서 잘 자랍니다. 생육 적정온도는 18~25℃입니다. 우리나라 남부에서 자생하는 만큼 추위에는 어느 정도 강하다고 볼 수 있지만, 땅에 심는 것이 아닌 화분에 키우는 것이기 때문에 겨울에는 실내로 들여줘야 해요.

💧　　　　Water - Weekly

물　　　습한 환경을 좋아하지만, 과도한 물주기는 피해야 합니다. 겉흙이 마르면 물을 주되, 물이 고여있지 않도록 배수가 잘 되는 흙과 화분을 사용해주세요. 흙은 기본 배양토에 마사토를 10%정도 섞어주면 배수에 도움이 됩니다. 겨울철에는 난방을 하기 때문에 특히 공기가 건조해질 수 있으므로, 주기적으로 물을 분무해 주거나 식물 주변에 물을 두어 공중습도를 높여 주는 것이 좋습니다.

🍃　　　　Air - 1~2 Days

환기　　　모든 식물에게 환기는 중요하지만, 특히 통풍이 잘 되는 창가에 두는 것이 좋습니다. 공기가 너무 정체되면 응애와 같은 병충해가 발생할 수 있기 때문에 창문을 자주 열어 신선한 공기가 유입이 되도록 해주세요.

☺　　　　Pet - Non pet-friendly

반려동물　황칠나무는 전통적으로 약용과 칠 공예에 사용되어 왔습니다. 반려동물에 대한 명확한 독성 정보를 아직 찾아보기 어렵지만, 옻나무와 유사하게 일부 사람들에게 알레르기 반응을 보일 수 있기 때문에 반려동물이 황칠나무를 씹거나 수액에 접촉할 경우 반응이 있을 수 있어요. 반려동물이 잎을 먹는 버릇이 없다면 괜찮지만, 주의가 필요합니다.

☞　　　　Tip - 식용으로서의 황칠나무

　　　　황칠나무는 전통적으로 약용으로 사용되어 왔으며, 현대에는 그 효능에 대한 다양한 연구에서 이를 뒷받침하는 결과가 보고되고 있습니다. 특히 항산화, 항염증, 항균 작용을 입증한 결과가 다수 보고되어 약용식물로서의 가치를 과학적으로 증명하고 있어요. 특히 전라남도 일대에서는 이 나무를 차로 끓여 마시는 전통이 남아있습니다. 찾아보면 황칠나무즙, 진액 등을 쉽게 구매할 수 있고, 요리에 사용하기도 합니다.

집에서 키우는 황칠나무의 잎, 줄기를 건조시켜 차나 요리에 활용할 수도 있어요. 이렇게 활용하고 싶을 때는 키우면서 유기비료를 사용하고 해충제는 쓰지 않도록 주의하는 것이 필요합니다.

Begonia

베고니아

우와! 저 베고니아 봐봐!

베
고
니
아

날씨 좋은 어느 날, 길을 걷다가 동네 미용실 앞에 놓인 베고니아를 보고는 발걸음을 멈출 수 밖에 없었습니다. 수십 년은 됨직한 그 미용실 앞에는 오래 키워 크고 풍성하게 자란 베고니아가 주렁주렁 꽃을 달고 있었죠. 이 사장님은 진짜 남다른 솜씨를 가진 분임에 틀림없다 생각하며, 한참 동안 그 베고니아를 바라보았어요. 그러다 문득, 이 미용실뿐 아니라 오래된 미용실 앞에서는 자주 이런 잘 자란 베고니아가 눈에 띄었던 기억이 떠올랐습니다. 베고니아의 아름다운 잎과 꽃이 미용실 사장님들의 마음을 사로잡은 모양입니다.

무심하지만 노련한 노하우로 오래 키운 식물은 그 자태부터 남다릅니다. 시장에서 처음 사왔을 때의 모습과는 완전히 다른, 그들만의 독특한 수형을 갖추기 마련이죠. 시간이 지나면서 스스로 만들어 가는 그 자연스러운 형태는 쉽게 흉내 낼 수 없는 탐나는 멋스러움이 있습니다. 그래서 오래된 미용실 앞의 그 식물들을 구경하고 있을 때면, 나중에 이 식물들을 나한테 파셨으면 좋겠다는 생각이 절로 들어요. 그 긴 세월 동안 차곡차곡 쌓아온 이야기를 얻고 싶은 마음이랄까요.

저는 매년 한두 번씩은 꼭 수목원이나 식물원을 방문하곤 합니다. 일 때문에 갈 때도 있지만, 개인 시간을 보내기 위해 찾아가기도 해요. 국내 어디에서든 수목원이나 식물원을 가면 빠지지 않고 베고니아를 만나게 됩니다. 열대나 아열대관에는 늘 한 자리를 차지하고 있고, 때로는 아예 '베고니아 코너'가 따로 마련되어 있기도 하죠. 베고니아는 그만큼 다양한 품종을 자랑하는 식물입니다. 각기 다른 색과 모양의 잎, 그리고 꽃을 지닌 베고니아들이 한데 모여 있으면, 마치 그림을 보는 것 같은 기분이 들죠.

베고니아는 환경 적응력도 뛰어나고 번식력도 좋아서 키우기가 상대적으로 쉬운 편입니다. 그래서 식물 애호가들뿐 아니라 초보자들에게도 큰 사랑을 받고 있어요. 하지만 베고니아의 진짜 매력은 아름다운 꽃뿐만 아니라, 그보다도 더 독특한 잎에 있습니다. 베고니아는 크게 목

목베고니아 품종들

베고니아와 렉스베고니아로 나뉘는데, 두 카테고리의 꽃은 각각 비슷하지만, 잎의 모양과 색상은 매우 다채롭습니다. 다양한 무늬와 색감을 지닌 잎의 화려함은 꽃보다 더 눈길을 사로잡곤 합니다.

특히 대부분의 식물이 대칭적인 잎을 가지고 있는 것과 달리, 베고니아는 비대칭 잎을 가지고 있는데, 이것이 오히려 더욱 독특한 매력으로 다가와요. 마치 자연이 그린 자유로운 곡선처럼, 그 비대칭의 조화 속에서 묘한 아름다움이 느껴집니다. 그래서 베고니아는 단순히 보기 좋은 식물 그 이상으로, 자연의 다양성과 생명력을 보여주는 식물이에요. 베고니아의 매력에 빠지면 분명 하나로는 부족하실거에요. 그 다양한 잎의 매력을 모두 보고싶어질 테니까요.

목 베고니아의 한 종류인 Begonia maculata

Plant bio.
Begonia

베고니아 과 Begoniaceae
베고니아 속 Begonia

베고니아는 매우 다양한 환경에 적응할 수 있는 식물군입니다. 약 2,000여종 이상의 품종을 포함하는 대형 속(genus)으로 주로 열대 및 아열대 지역이 원산지입니다. 특유의 적응력과 화려함 때문에 전 세계에서 인기가 아주 높아요. 베고니아의 속명은 프랑스의 식물학자 샤를 플루미에가 당시 식물학 후원자였던 미셸 베곤(Michel Bégon)을 기리기 위해 붙여진 이름입니다. 베고니아는 크게 렉스 베고니아(Rex Begonia)와 목 베고니아(Cane Begonia)로 나뉘어요.

렉스 베고니아(Rex Begonia)

다양한 색상과 무늬가 특징으로 미세한 솜털이 잎에 있어 벨벳같은 질감을 띕니다. 꽃은 잎에 비해 상대적으로 덜 화려하며, 주로 잎을 관상 포인트로 키워요. 키가 크게 자라지 않고 낮고 넓게 퍼지는 특징이 있습니다. 인도와 같은 아시아의 열대 및 아열대 지역이 원산지입니다.

렉스베고니아 품종들

목 베고니아(Cane Begonia)

주로 줄기가 나무처럼 자라서 키가 크고 곧게 자라는 특징이 있어 '목 베고니아'라는 이름이 생겼습니다. 잎은 렉스 베고니아보다 넓고 길쭉하며 큰 편이며, 꽃도 좀 더 화려한 편이에요. 하얀색 또는 분홍색으로 무리지어 핍니다. 성장 속도가 빠르고 꽃과 잎 모두 관상가치가 높습니다. 브라질과 남아메리카 열대 지역이 주된 원산지에요.

How to care
Begonia

◇ **Light - Indirect**

빛　　　밝은 간접광을 선호합니다. 여름철 강한 햇빛을 오래 받으면 잎이 타버리기 때문에, 밝은 실내에서 키우기 좋은 식물이에요. 창가에서 빛이 잘 들지 않아 낮에도 조금 어둡다면 목 베고니아는 꽃이 피지 않거나 잎이 약해질 수 있습니다. 렉스 베고니아는 목 베고니아보다는 조금 더 어두운 곳에 적응력이 좋은 편이에요.

◇ **Temperature - 18~25°C**

온도　　생육 적정온도는 18~25℃입니다. 베고니아는 모두 따뜻한 환경을 선호해요. 조금 서늘해지면 금방 잎이 떨어지기 때문에 온도 변화는 서서히 느낄 수 있도록 해주고, 최저 15℃이상은 유지해주는 것이 안전합니다.

💧　　　**Water - Weekly**

물　　　목 베고니아는 배수가 잘되는 흙을 좋아합니다. 화분 속의 흙까지 거의 마른 상태에서 물을 줘도 괜찮아요. 일주일에 한번 정도가 적당한데, 집이 건조해서 흙이 빨리 마른다면 좀 더 자주 줘도 됩니다. 물을 너무 자주 줘서 흙이 계속 촉촉한 상태를 유지하면 뿌리가 썩을 수 있으니 유의해야 합니다.

렉스 베고니아는 과습에 좀 더 민감합니다. 흙이 다 마를때까지 기다렸다가 물을 주면 좋아요. 흙의 양을 좀 덜어서 작은 화분에 심는 것도 편하게 관리할 수 있는 방법 중 하나입니다.

💧　　　**Humidity - Very High**

습도　　　습도가 낮으면 금방 잎끝이 말라 관상가치가 저하됩니다. 렉스 베고니아는 좀 더 습한 환경을 좋아해요. 베고니아를 키울 때는 분무기를 사용해서 수시로 공중습도를 높여주면 아름다운 잎을 잘 관리 할 수 있어요.

☺　　　**Pet - Attention**

반려동물　베고니아는 반려동물에게 독성이 있는 식물입니다. 특히 뿌리 부분에 독성 물질이 집중되어 있어, 반려동물이 섭취할 경우 구토, 침흘림, 식욕 감소 등의 증상이 나타날수 있어요. 따라서 반려동물이나 어린 아이가 식물을 섭취하지 않도록 주의가 필요합니다. 단순히 접촉하는 것으로는 문제가 없습니다.

☞ **Tip - Begonia**

번식

베고니아는 영양번식이 쉬운 식물이에요. 목 베고니아는 주로 줄기 삽목이나 줄기 물꽂이를 하면 쉽게 뿌리를 내리고, 렉스 베고니아는 잎꽂이가 일반적인 번식 방법입니다.

Rubber plant

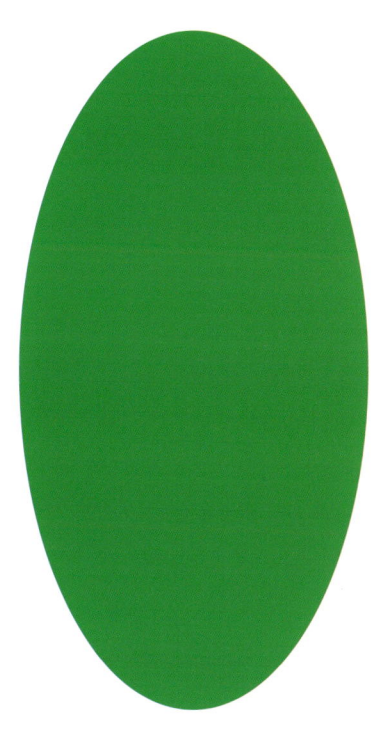

고
무
나
무

다 좋은데, 애부터요.

고
무
나
무

집에 큰 식물 하나 두고 싶은데 어떤 식물을 고를지 모르겠다면, 우선 저는 고무나무부터 추천드릴게요. 너무 흔한 식물을 권한다고 생각하실 수도 있겠네요. 하지만 식물은 다 저마다의 매력이 있듯, 고무나무를 단순히 쉬운 식물로만 치부한다면 아쉬운 마음이 너무 커집니다. 많은 분들이 한두 종류의 고무나무 정도는 흔히 알고 계실 텐데요. 사실 고무나무에는 각기 다른 개성을 가진 다양한 품종이 있습니다. 키우기 쉽다고 소문난 고무나무가 흔해서 피하고 싶었다면 생각을 조금 바꿔보는 것도 괜찮을 거예요.

고무나무 특유의 광택이 나는 크고 두꺼운 잎은 실내 공간에 싱그러움을 더해주고, 관리가 쉬워 초보자들도 부담 없이 키울 수 있는 식물인데요. 고무나무의 매력은 품종의 다양성에 있어요. 플랜테리어를 할 때 품종이 다른 고무나무들만 배치해도 공간이 다채로워 보이거든요. 또한 여러 가지 품종이 고무나무를 키우다 보면 각 품종마다 다른 특색을 발견할 수 있습니다. 물을 유독 더 좋아하는 품종이 있는가 하면 햇빛을 좀 더 필요로 하는 품종이 있기도 하고, 유독 추위에 약한 품종도 있죠. 이처럼 각기 다른 미세한 요구사항을 알아차리고 맞추며 가꾸는 것이 식물을 키우는 묘미에요. 사실 이렇게 예민하게 하지 않아도 충분히 잘 크지만, 이를 알아차리고 맞춰주면 훨씬 멋진 모습을 보여줍니다. 이 과정을 통해 식물을 돌보는 것 자체가 즐거움이 되고, 성장하는 모습을 지켜보며 더 큰 애착을 느끼게 되요.

고무나무는 이름에서 알 수 있듯이, 실제로 고무를 생산하는 식물입니다. 고무나무의 줄기를 자르면 흰색의 라텍스(수액)가 나오는데, 이 라텍스는 고무를 만드는 원료로 사용되요. 고무나무의 라텍스는 오래전부터 아마존의 원주민들이 다양한 용도로 사용해 왔습니다. 그들은 이 라텍스를 화살촉을 코팅하거나 신발에 발라 방수 효과를 내는 데 사용했어요. 고무라는 혁신적인 소재가 탄생한 배경도 바로 이 나무의 수액에서 비롯된 것이죠. 고무나무가 유럽에 알려지기 시작한 것은 17세기 초에 탐험가들에 의해서이지만, 그 용도가 본격적으로 주목받기 시작한 것은 19세기 초의 일입니다. 탐험가와 과학자들에 의해 19세기 초에 처음으로 고무가 본격적으로 상업적 용도로 사용되기 시작했을 때, 고무나무는 매우 중요한 자원이었겠죠.

고무나무의 상업적 가치를 깨달은 유럽인들은 19세기 후반부터는 고무나무를 대량으로 재배하기 시작했어요. 아마존에서만 고무나무를 재배하는 것은 수요를 감당하기 어려웠기 때문에, 영국의 식물학자가 고무나무 씨앗을 몰래 아마존에서 가져와 당시의 영국령 말레이시아, 인도네시아, 스리랑카, 아프리카의 열대 지역에서 대규모로 재배하기 시작했습니다. 원산지는 아니지만 대규모 고무나무 플랜테이션을 운영하기 적합한 곳이었죠. 특히 말레이시아와 인도네시아는 20세기 초에 세계 최대의 고무 생산지로 자리잡게 되었으며, 오늘날까지도 주요 생산지입니다.

이른 시기부터 상업적으로 대규모 재배가 시작된 식물이기 때문에, 다양한 산업 분야에서 사용됨은 물론이고, 원예용으로도 일찍부터 유통된 식물입니다. 덕분에 우리는 아주 오래전부터 고무나무를 만날 수 있었던 거에요. 원예시장에서도 오랜 시간 사랑받아 온 이유가 있을 테지요. 관리의 용이성과 다양한 품종이 가지고 있는 매력까지 생각한다면, 언제나 새롭게 느낄 수 있는 식물이기도 합니다. 그러니, 집에 큰 식물을 처음 들이고 싶다면, 고무나무 중에 하나로 시작해보세요. 특별한 관리를 하지 않아도 잘 크고 새 잎도 잘 내어주기 때문에 식물을 키우는 자신감을 얻어 곧 더 많은 식물을 들이고 싶으실 거에요.

Plant bio.
Rubber plant

고무나무

뽕나무과 Moraceae
뽕나무속 Ficus

고무나무는 남미 아마존지역이 원산지입니다. 열대 기후를 가진 동남아시아에서도 자생해요. 이 지역들은 열대 기후로, 높은 습도와 따뜻한 온도가 특징입니다. 고무나무는 이러한 기후에서 매우 잘 자라며, 자연스럽게 거대한 나무로 성장해요. 하지만 실내에서 키울 경우, 고무나무는 훨씬 작은 크기로 자라며 주로 관엽식물로 사용됩니다. 고무나무는 뽕나무속에 속하는 다양한 종으로 이루어져 있습니다. 뽕나무속에는 약 850여종의 다양한 식물이 포함되며, 고무나무는 그 중의 일부에요. 대표적으로 인도고무나무(Ficus elastica), 벤자민 고무나무(Ficus benjamina), 떡갈잎 고무나무(Ficus lyrata), 움벨라타 고무나무(Ficus umbellata), 알리 고무나무(Ficus altissima) 등이 있습니다. 여기서는 관상용으로 많이 키우는 몇가지의 고무나무에 대해 소개해드릴께요.

How to care
Rubber plant

◇ **Light - Indirect**

빛　　　밝은 간접광을 좋아합니다. 직사광선을 많이 받으면 잎이 탈 수 있고, 흰 점이 생기기도 해요. 커튼을 통해 빛을 필터링하거나 밝은 간접광이 드는 곳에서 성장이 활발합니다. 빛이 좀 적으면 성장 속도가 느려지고 잎이 떨어질 수 있지만, 잘 버티는 식물입니다.

✣ **Temperature - 18~25℃**

온도　　생육 적정온도는 18~25℃입니다. 따뜻한 곳이 원산지인 만큼 추운 환경에서는 자라기 어려워요. 한겨울에도 식물 주변 온도가 10℃이상은 유지할 수 있도록 신경써주어야 합니다. 여름에도 에어컨의 차가운 바람이 직접 닿는 곳은 피하고, 온도가 일정하게 유지되는 곳이 좋아요.

💧 Water - Weekly

물 과습을 피하는 것이 중요하기 때문에 배수가 잘되는 흙을 사용합니다. 일반 배양토에 마사토를 10~20%섞어주면 되어요. 물을 너무 자주 주면 뿌리가 썩을 수 있으니, 흙이 거의 말랐을 때 물을 주세요. 보통 일주일에 한번 정도가 적당합니다. 겨울철에는 성장 속도가 느려지거나 멈추기 때문에 물 주는 빈도를 줄이고, 비료도 줄 필요가 없습니다.

☺ Pet - Caution

반려동물 인도 고무나무는 반려동물에게 독성이 있는 식물입니다. 단순 접촉으로는 문제가 전혀 없지만, 반려동물이 잎이나 줄기를 섭취할 경우, 구토, 침흘림, 피부자극 등과 같은 증상을 나타낼 수 있어요. 인도 고무나무는 포도상구균(Saponins)과 피신(Ficin)이라는 성분을 함유하고 있어, 위장과 소화기에 자극을 줄 수 있습니다.

인도 고무나무 Ficus elastica

가장 대표적인 고무나무 종으로, '고무나무'라고 하면 보통 이 식물을 지칭합니다. 잎이 크고 광택이 나며 두껍고, 짙은 초록색에서 자주색까지 변종이 다양하며, 가장 키우기 쉬운 식물 중에 하나에요. 주로 실내 식물로 많이 기르며, 번식이 쉽고 관리가 간단해 인기가 많으며 초보자도 쉽게 키울 수 있습니다. 공기 정화 능력 또한 뛰어나 실내에서 꼭 하나씩은 있으면 좋은 식물이에요. 인도 북동부와 동남아시아가 원산지입니다.

수채화 고무나무 Ficus elastica 'Tineke'

인도 고무나무의 가장 대표적인 변종으로 잎에 연한 녹색, 크림색, 핑크색이 섞여 있어 수채화처럼 아름다운 잎을 가지고 있습니다. 인도 고무나무와 비슷하게 관리하지만, 색을 아름답게 유지하게 하려면 조금 더 밝은 곳에 두면 좋아요.

루비 고무나무 Ficus elastica 'Ruby'
잎이 붉은 빛을 띠는 것이 특징입니다. 잎 가장자리에 분홍빛이나 붉은빛이 도는 독특한 변종으로, 수채와 고무나무보다 색상이 더 강렬한 편이에요. 관리는 인도 고무나무와 비슷합니다.

무지뱅갈 고무나무

뱅갈 고무나무 Ficus benghalensiss
잎이 크고, 잎맥이 선명한 초록색을 띠며, 고무나무 중에서도 크게 자라는 품종입니다. 잎이 두껍고 매끈하며 광택이 나고, 뿌리가 공중에서 자라 내려오는 특성이 있어요. 인도와 방글라데시 지역의 열대우림이 원산지이기 때문에 뱅갈(Bengal)이라고 불립니다.

무지뱅갈 고무나무 Ficus benghalensis 'Audrey'
오드리 고무나무로 불리는 것이 맞지만, 우리나라에서는 무지 뱅갈 고무나무라고 불립니다. 말 그대로 무늬가 없는 뱅갈 고무나무입니다. 가장 인기 있는 변종 중 하나로, 잎이 더 부드럽고 맑은 녹색을 띱니다.

무늬 고무나무 Ficus altissima 'Variegata'
고무나무(Ficus) 속의 변종 중 하나로, 잎에 밝은 초록색과 크림색의 무늬가 특징인 관상용 식물입니다. 인도 고무나무와 더불어 가장 흔하게 볼 수 있는 관엽식물입니다.

떡갈잎 고무나무 Ficus lyrata

서아프리카가 원산지로, 주로 열대 우림 지역에서 자랍니다. 잎이 떡갈나무 잎처럼 넓고 크며 질감이 두껍고, 가장자리가 물결 모양으로 휘어져 있는 모습이 떡갈잎과 비슷하다고 하여 떡갈잎 고무나무라고 이름붙여졌어요. 잎의 모양이 독특하고, 수형이 멋있어 실내 식물로 인기가 많아요. 잎도 크고 줄기도 거칠어서 강인해보이는 나무이지만, 열대우림이 원산지인 만큼 추위에 약한데요. 개인적인 경험으로는 고무나무 중에 가장 추위에 약한 품종이라고 느꼈어요. 온도를 신경쓰면서 따뜻한 곳에서 물을 자주 주며 키워야 하는 식물입니다.

고무나무

무늬 벤자민 고무나무

벤자민 고무나무 Ficus benjamina

실내에서 흔히 볼 수 있는 나무로, 잎이 작고 가지가 늘어지는 우아한 모습이 특징입니다. 동남아시아, 인도 남부, 호주 등의 열대 지역이 원산지에요. 환경을 잘 갖춰주면 성장속도도 빠른 편입니다. 다른 고무나무에 비해서는 좀 더 밝고, 따뜻한 곳에 두셔야 해요. 빛이 부족하면 잎이 듬성듬성 달리거나 잎이 떨어지고 성장 속도가 느려집니다. 과습에 약한 식물이지만, 다른 고무나무보다는 물도 조금 더 자주 주면 풍성하게 잘 키울 수 있습니다.

유의할 점이 있다면 빠른 환경변화에는 민감하다는 점입니다. 갑작스럽게 빛이 어두워지거나 밝아지는 것, 물 주기의 변화, 위치의 이동 등으로 인해 잎이 후두둑 떨어질 수 있는데요, 다시 적응 시간을 주고 관리해주면 금방 풍성해집니다.

알리 고무나무 Ficus binnendijkii 'Alii'

얇고 긴 잎을 가진 고무나무로, 일반적인 넓은 잎의 고무나무와는 다른 외형을 가져요. 잎은 길고 날렵하여 공간에 세련된 느낌을 줍니다. 동남아시아가 원산지에요. 키우는 방식은 벤자민 고무나무와 비슷합니다. 조금 더 밝은 곳, 따뜻한 곳에서 물을 자주 주면 잘 키울 수 있어요.

움벨라타 고무나무 Ficus umbellata

[취미는 식물] 1권에 소개한 이 고무나무는 큰 잎을 가진 관엽식물로, 실내에서 관상용으로 많이 키워집니다. 다른 고무나무에 비해 얇지만 큰 잎을 가지고 있고, 색도 밝아 공간에 활력을 줘요. 빛을 많이 받는 곳에서는 잎이 크게 자라고, 빛이 적으면 잎이 작게 납니다.

취미는 식물 2

1판 1쇄 발행 2024년 11월 20일

지은이	권지연
사　진	최재원
펴낸이	김기훈
기획 및 편집	권지연
디자인	스튜디오 고민
인쇄 및 제책	다보아이앤씨
발행처	김반장스튜디오
출판등록	2022년9월23일 제 2022-000078 호.
주소	서울시 성동구 서울숲2길30 나동203호
메일	kimbanjangstudio@gmail.com
인스타그램	@kimbanjangstudio

ISBN 979-11-980398-2-8(03590)

 김반장스튜디오는 재미있는 시간을 보내며 삶을 채워나가길 바랍니다.
이 책은 저작권법에 따라 보호받는 저작물이므로 부단 전재와 무단 복제를 금합니다.